나만의 style로 공부하라

지은이 다케나카 헤이조

히도쓰바시 대학 경제학부를 졸업.
일본개발은행, 오사카 대학 경제학부 조교수, 하버드 대학 객원 준교수, 게이오 대학 종합정책학부 교수 등을 역임.
2001년 고이즈미 정권 출범 후 경제 재정 정책 담당 장관으로 발탁되어 금융 담당 장관, 우정민영화 담당 장관, 총무 장관 등을 지내며 구조 개혁의 사령탑 역할을 했다.
2006년 고이즈미 총리의 퇴진과 함께 정계에서 은퇴했으며 현재 게이오대학 교수로 재직 중이다.

옮긴이 나지윤

아오야마가쿠인 대학 국제커뮤니케이션학부 졸업.
현재 엔터스코리아 출판기획 및 일본어 번역가로 활동 중.
Channel-J '시베리안 초특급2편'과 사이언스TV 과학다큐 '경이로운 지구2~6'편의 영상을 번역했으며, 역서로는
《연봉 10배 올리는 공부법》, 《사람을 포기하지 않는 기업》, 《당신의 가치를 10배 올리는 시간투자법》 외 다수가 있다.

글 | 다케나카 헤이조 옮긴이 | 나지윤
펴낸이 | 이재은 펴낸 곳 | 비즈니스세상
편집 | 조혜린, 송두나 디자인 | 황숙현
마케팅 | 이주은, 이은경, 박용
주소 | 서울시 마포구 서교동 444-16호 영진 빌딩
전화 | 02-338-2444 팩스 | 02-338-0902
E-mail | everybk@hanmail.net
Homepage | www.ieverybook.com   www.세상모든책.kr
출판등록 | 1997.11.18. 제10-1151호
초판 1쇄 발행 | 2009년 9월 25일

Copyright ⓒ 2009 세상모든책
이 책에 실린 글과 그림을 무단으로 복사, 복제, 배포하는 것은
저작권자의 권리를 침해하는 것입니다.
ISBN 978-89-5560-246-3 03320

비즈니스세상은 세상모든책의 임프린트입니다.

잘못 만들어진 책은 바꾸어 드립니다.

"TAKENAKA-SHIKI MATRIX BENKYOHO(Matrix Study)" by Heizo Takenaka
Copyright ⓒ 2008 Heizo Takenaka.
All rights reserved.
Original Japanese edition published by Gentosha Inc.

This Korean edition published by arrangement with Gentosha Inc., Tokyo
in care of Tuttle-Mori Agency, Inc., Tokyo through EntersKorea Co., Ltd., Seoul.

이 책의 한국어판 저작권은 (주)엔터스코리아를 통한 일본의 Gentosha Inc.
와의 독점 계약으로 세상모든책이 소유합니다.
신 저작권법에 의하여 한국 내에서 보호를 받는 저작물이므로 무단전재와 무단복제를 금합니다.

나만의 style로 공부하라

다케나카 헤이조 지음 | 나지윤 옮김

| 머리말 |

공부란 무언가를 변화시키는 것

나는 와카야마 시라는 전형적인 지방 도시에서 지극히 평범한 가정의 둘째 아들로 태어났다. 상점가에서 조그만 장사를 하는 아버지의 모습을 지켜보면서 '저렇게 열심히 일하시는데 왜 좀 더 부자가 되지 못할까.' 하고 의문을 품었더랬다. 그것이 내가 공부를 하게 된 계기인지도 모른다.

이처럼 미래가 불투명했기에 어릴 적부터 스스로 노력하지 않으면 안 된다는 막연한 불안감이 자리 잡고 있었다. 나태해지면 발전할 수 없다고 말이다. 지금도 무슨 일을 시작하면 체질상 적당히 끝내질 못한다.

나는 열심히 노력하는 사람과 그렇지 않은 사람이 동등해지는 것을 불평등하다고 생각하는데, 이는 유년 시절의 체험에서 기인한 바가 크다.

초등학교 시절, 나는 반에서 그다지 눈에 띄지 않는 자신감 없는 아이였다. 그래서 여름 방학 숙제 따위를 미리 해두지 않으면 무척이나 불안했다. 시간에 쫓기는 건 질색이었기에 적어도 하루나 이틀 안에 마쳤다. 노트에 한자를 잔뜩 써 가면 선생님이 '참 잘했어요' 도장을 찍어주는 것이 무척 기뻤고 그때부터 공부의 즐거움을 느끼게 되었다.

그리고 공립 중·고등학교에 진학했다. 고등학교 선생님이 해준 "다케나카, 세상이 올바르지 않다고 생각한다면 경제학을 공부해라."라는 말을 계기로 막연히 경제학에 뜻을 품고 대학에 진학했다. 그 선생님의 한마디가 지금의 나를 이끌어왔다고 해도 과언이 아니다.

회사원, 학자 그리고 장관이 되어 정치계에 입문했을 때도 '세상을 올바르게 하기 위해 경제학을 배우고 활용하자.'라는 마음은 한 번도 변한 적이 없었다.

대학에 진학해 좁디좁은 아파트에서 친구와 서로 경쟁하며 책을 읽던 일, 친구들과 벌인 수많은 토론 그리고 미국 유학 시절에 사전과 씨름하며 다음 날 수업을 예습하느라 밥 먹듯이 밤을 새우던 시절…….

지난날을 떠올려보면, 고통이 따랐을지언정 공부할 때야말로 진정으로 즐겁고 행복했다는 것을 절실히 느낀다. 그 시절의 고난과 노력을 바탕으로 축적된 힘은 앞으로도 결코 없어지지 않으리라. 한 발 한 발 밟고 올라가 향상된 실력은 좀처럼 내려가지 않는 법이다.

요즘 세계정세를 살펴보면 중국과 인도가 급부상하며 주목받고 있다. 나는 장관을 그만둔 후에도 세계 각지를 돌아다니면서 끊임없이 발전하고 성숙해가는 경제를 목격했다. 특히 눈부신 급성장을 이룩한 중국에 가보면 무엇보다 놀라운 학구열에 압도된다. 북경의 대학교에서는 남녀노소 할 것 없이 열렬히 질문을 퍼붓는다.

나라가 더욱 발전하기 위해서는 개인이 성장해야 한다. 즉, 공부를 해야 한다. 꼭 수험 공부를 말하는 것이 아니다. 인간으로서 꾸준히 지식을 연마하며, 세상을 바라보고 옳고 그른 것을 분별하는 힘을 갖추라는 뜻이다.

조금이라도 독자 여러분에게 도움이 되길 바라는 마음에서 한편으로는 부끄럽기도 하지만 그동안 내가 실천해온 공부법을 소개하고자 한다.

배움은 즐겁고 귀중한 것이다. 무엇을 알고 싶고 자신을 바꾸고 싶다고 생각한 순간, 당신의 공부는 이미 시작된 것이나 다름없다.

다케나카 헤이조

| 차례 |

머리말 · 8

01 다케나카가 말하는 매트릭스 공부법이란?

1. 당신은 무엇을 공부하고 싶은가 · 16
셰익스피어에 대해 논할 수 있어야 어엿한 성인
'천장이 있는 공부'와 '천장이 없는 공부'

2. 성적표와 무관한 '영리함' · 20
'공부 체질이 아니다'라고 단정 짓지 말라
MBA에서 공부에 매진하는 의미

3. '공부하고 싶은 것'을 발견한다면 절반은 이룬 것이나 다름없다 · 23
지금 당신에게 부족한 능력은 무엇인가

4. 노력할 수 있는 재능 · 28
이치로와 마츠이는 노력의 천재
주변 환경에 휩쓸리지 않고 꿈을 향해 나아가는 힘
'You can do it!'

02 다케나카식 공부 9대 비법

1. 두 가지 목표를 세워라 · 37
능력은 트레이드오프 관계
꿈을 꾸면서 밭을 일구는 사람이 되라

2. 역으로 계획을 세워라 · 40
일하면서 100일 만에 책 한 권을 써낸 비법 | 'To do list'를 만든다
스케줄은 월 단위 수첩으로 관리한다 | 무조건 해야 한다

3. 기본이 전부다 · 44
한신 타이거즈가 요미우리 자이언츠를 이기지 못하는 이유
기본에 충실한 사람 | 은행원이 되고 나서 부기 3급에 도전하다

4. 선의의 경쟁자를 두어라 · 48
타인을 의식하면 능력이 곱절로 발휘된다

5. 메모장을 항시 휴대하라 · 50
일기는 내일을 위한 교훈 | 베개 옆에 항상 메모장을 둔다
재무성 엘리트의 놀라운 메모 기술
쓰고 치고 버린다 – 나의 정보 관리법

6. 시간은 만들기 나름이다 · 55
'회식 빠져나오기' 선수 | 현지에 가서 사람을 만나라
잔업을 할 만큼 한가하지 않다

7. 바보는 아무리 모여도 바보다 · 60
사람도 책도 좋은 것만 고른다 | 위기가 닥쳤을 때 진정한 친구가 보인다

8. 자신에게 과감히 투자하라 · 63
값비싼 워크맨을 망설임 없이 구입한 대선배
돈을 쓰는 방식에서 '품격'이 드러난다
해외 유학은 '사비(社費)'보다 '자비(自費)'로 가라

9. 건강해야 공부도 잘한다 · 68
철야는 지적 생활의 장애물
업무 내용에 따라 '아침형'과 '저녁형'이 나뉜다
자신만의 '지적 공간'을 만들자
책도 자료도 과감히 버려라

03 다케나카식 암기 공부 5대 비법

1. 질릴 때까지 암기와 기초를 반복하라 · 77

수학도 암기 과목이다 | 참고서가 아닌 문제집을 암기하라

2. 타인보다 먼저 시작한 사람이 승자 · 79
출발점에서 격차를 벌린다 | 일주일은 왜 일요일부터 시작할까?

3. 알짜배기 공부법, 자격시험 · 81
알차게 구성된 세무사 시험 | 토익과 토플의 두 가지 효과

4. 공부하기 쉬운 나라 · 84
기업의 글로벌화 · 다양화가 가져온 것 | OJT와 종신고용 · 연공서열
하버드 대학과 도쿄 대학을 동시에 다닌 학생
시험 성적만으로는 합격하지 못하는 하버드 대학 의학부

5. 능동적으로 공부하는 습관을 들이자 · 89
사소한 일은 제일 먼저 처리한다
'패러프레이즈'로 사회 현상을 입체적으로 기억한다
귀동냥으로 얻은 지식은 결코 오래가지 못한다
진정한 지식인은 '비유법'에 의존하지 않는다

04 다케나카식 영어 공부 7대 비법

1. 완벽한 영어 구사는 기대하지 말자 · 97
일본어보다 영어가 능숙한 일본인은 없다
발음보다 무엇을 말하는지가 중요하다 | 회화는 못해도 작문은 잘한다?

2. 암송으로 영어를 머릿속에 채운다 · 101
머릿속에 '영어'가 없으면 아무리 노력해도 헛수고
케네디, 킹 목사의 연설을 암송하다 | 낭독으로 영어 뇌를 단련한다

3. 모르는 단어는 반드시 사전을 찾아보라 · 105
어휘력을 높이는 자가 승리한다

4. '영어가 유창한 일본인'의 영어를 흉내 내라 · 107
오와다 히사시의 영어 표현을 참고하다

5. 기꺼이 시련을 받아들여라 · 109
늦은 '해외 데뷔'

6. 맨 앞자리에서 듣고 제일 먼저 말하라 · 111
작은 용기가 극복의 열쇠

7. 거침없이 질문하는 아이에게 배우자 · 113
유치원생도 말은 서툴다 | 무조건 뻔뻔해져라

05 다케나카식 경제 공부 9대 비법

1. 삶은 곧 경제, 범위는 무한정하다 · 119
경제학은 쉽다 | 두리번거리며 거리를 걷자
뉴욕·워싱턴 D.C.·보스턴 경제학의 차이

2. 미래를 예견하는 것은 불가능, 천장은 높다! · 124
경제 시장에서 같은 일은 두 번 일어나지 않는다
닉슨 쇼크로 경제에 눈을 뜨다

3. 귀동냥과 읽고 쓰기, 일거양득의 방법 · 127
스터디 그룹이야말로 극대치의 효과를 얻는 방법

4. 관심 분야의 관련 기사를 닥치는 대로 읽는다 · 129
같은 칼럼을 한 달 동안 꾸준히 읽어라

5. 상식에 얽매이지 말자 · 131
'규제 때문에 안 된다'는 고정 관념 | '삐딱함'은 발상력의 원천

6. 정원사의 시점에서 생각하라 · 134
야구를 해본 적이 없는 사람의 야구 해설
구체적인 대안 제시는 토론의 원칙 | 비판의 세 가지 유형

7. 경제는 연립 방정식으로 예측한다 · 139
바람이 불면 물통 장수가 돈을 번다
공공사업이 늘어나면 엔화는 올라갈까, 떨어질까?

8. 정보의 원본을 찾아라 · 143
모든 이에게 공개된 정보만으로 충분하다

9. 자신만의 관심 분야를 찾아라 · 145

나만의 정보 보관함을 만들자
대학 연구 보고서나 사례집은 보물창고
의식주에도 주관을 세워라

06 세계에 통용되는 공부 5대 비법

1. 경청과 칭찬에 능숙해져라 · 153
듣기는 상대의 이해 수준을 가늠하는 행위
의욕을 고취시키는 칭찬의 비법
공부의 달인은 자신을 자극할 줄 아는 사람
'분수를 모르는' 교육 | 라이벌끼리 칭찬해주기

2. '두뇌 체조'를 생활화하자 · 161
산재된 지식을 이어주는 사고 트레이닝
고이즈미 전 총리는 '두뇌 체조'의 달인
논문의 주제를 정했다면 이미 절반은 완성된 것

3. 가능한 한 폭넓은 경험을 쌓아라! · 165
이삿짐 보조에서 등유 보충까지
젊은이여, 서둘러 회사를 그만두지 마라 | 미래의 손익은 아무도 모른다

4. 누구와 일할 것인가 · 170
직장은 자신을 성장시켜줄 사람을 만나는 장소
새는 역풍 속에서 비상한다
사람을 사귀려면 긍정적인 사람을 사귀어야 한다

5. 모든 사람과 사이좋게 지낼 필요는 없다 · 174
인간관계는 'Give & Take' | 정보가 있는 곳에 힘이 모인다
최후의 승자는 '뜻'을 품은 자

맺는말 · 178

다케나카가 말하는 매트릭스 공부법이란?

 # 당신은 무엇을 공부하고 싶은가

나만의 Style로 공부하라

모든 공부는 '경쟁에서 이길 수 있는 무기'와 '교양을 쌓고 인격을 수양하는 지혜'를 가로축, '천장이 있는가, 없는가'를 세로축 기준으로 분류하여 매트릭스를 만들 수 있다.

셰익스피어에 대해 논할 수 있어야 어엿한 성인

요즘 텔레비전을 켜면 각종 퀴즈 프로그램이 제법 눈에 띈다. 여전히 두뇌 단련이나 공부에 대한 열기가 식지 않은 모양이다. 아마도 무엇을 어떻게 공부해야 할지 고민하는 이도 많을 듯싶다.

과연 공부는 무엇을 위해 하는 것일까? 한마디로 말하면 스스로 더욱 성장하기 위해서이다. 외국어를 익히거나 책을 읽어 지식을 쌓는 것은 물론, 댄스를 배우거나 밴드를 결성해 악기를 연습하고 인맥을 넓히기 위해 적극적으로 사람들과 교류하는 것 역시 중요한 공부다. '인생사 가지가지, 공부도 가지가지.'인 것이다.

그 '가지가지' 중에서 공부란 두 가지로 나뉜다. 첫 번째는 인생을 살아가면서 경쟁에서 이길 수 있는 무기가 되는 공부이다. 예를 들어, 금융권에서 국제 사회와 어깨를 나란히 하며 경쟁하기 위해 최신 금융

공학을 공부하고, 글로벌한 고객에게 민첩하게 대응하기 위해 영어에 매진하며, 경영을 심도 있게 이해하기 위해 MBA에 진학하는 등……. 이 모두가 경쟁에서 이길 수 있는 무기가 되는 공부이다.

또 한편으로, 인간의 종합적인 능력을 길러주는 공부도 있다. 과거의 공부란 사람들과 경쟁하고 싸우기 위한 무기가 아니었다. 오히려 사람 사이의 관계를 더욱 돈독하게 해주는 '지혜'를 배우기 위한 공부였다.

그 일례로, 과거 유럽에서는 일정 수준의 교양을 갖추지 못하면 사교계에 데뷔하지 못했다. 처음 대면하는 사람과 친밀해지기 위한 대화가 '셰익스피어의 그 작품에 대해 어떻게 생각하십니까?'와 같은 수준이었다고 하니, 실로 교양은 어엿한 성인이 되기 위한 필수 요소이자 오락거리였던 셈이다.

이러한 요소는 현재도 건재하다. 와인의 심오한 뜻을 알기 위해 와인 관련 서적을 섭렵하고, 세계 고전 문학을 읽고, 악기를 즐기는 것도 교양을 쌓아 인생을 더욱 충만하게 하기 위한 공부다. 이처럼 공부는 크게 두 가지로 분류되며 둘 다 삶에서 중요한 공부이다.

'천장이 있는 공부'와 '천장이 없는 공부'

공부에는 앞서 설명한 두 가지 종류와 더불어 목표의 도달점이 있는지 여부, 이른바 '천장이 있는가, 없는가'의 기준이 존재한다.

예컨대, 공인 회계사 같은 각종 자격시험, 대학 수험 공부 등은 합격하면 그야말로 일단락되는 '천장이 있는 공부'다.

반면에 문학적 소양을 익히거나 경영 능력을 쌓는 일, 혹은 커뮤니케이션 능력을 높이는 것처럼 능력을 테스트하는 시험이나 학습 교재가 특별히 없는 경우를 '천장이 없는 공부'라 할 수 있다.

결국 모든 공부는 '경쟁에서 이길 수 있는 무기'와 '교양을 쌓고 인격을 수양하는 지혜'를 가로축, '천장이 있는가, 없는가'를 세로축 기준으로 분류하여 매트릭스를 만들 수 있다.

독자 여러분도 부디 자신만의 매트릭스를 직접 작성해보기 바란다. 자신의 현재 위치를 놀라울 정도로 정확하게 파악할 수 있을 것이다. 아울러 공부에 대한 동기 부여와 도달 지점도 선명해지리라. 이것이 바로 '매트릭스 공부법'이다.

예를 들어 '경쟁에서 이길 수 있는 무기'가 되는 공부 중에 천장이

〉〉〉 매트릭스 공부법 〈〈〈

	천장이 있는 공부	천장이 없는 공부
경쟁에서 이길 수 있는 **무기가 되는 공부**	**A 암기 공부** 승진시험, 자격시험, 토익, 입학시험 등	**B 업무 공부** 경제학, 금융공학, 영어 회화 등
교양을 쌓고 인격을 수양하는 **지혜가 되는 공부**	**C 취미 공부** 다도, 무도 자격증, 다이빙 자격증, 취미 관련 검증 시험 등	**D 인생 공부** 교양 수준을 높이는 공부, 고전, 음악 등

››› 무엇을 공부하고 싶은가를 파악한다 ‹‹‹

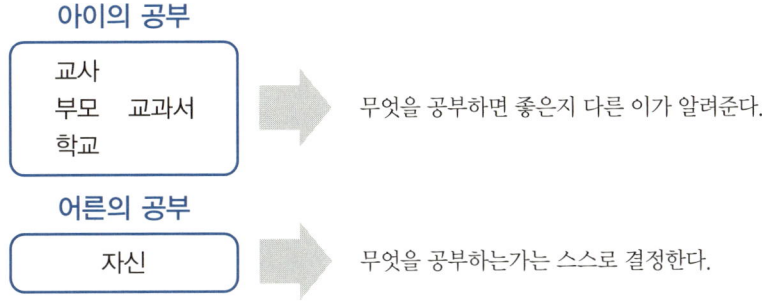

있는 것을 'A 암기 공부', 천장이 없는 공부를 'B 업무 공부', '교양을 쌓고 인격을 수양하는 지혜'가 되는 공부 중에 천장이 있는 것을 'C 취미 공부', 천장이 없는 것을 'D 인생 공부'라고 부른다고 해보자.

'공부'라고 하면 우선적으로 떠올리는 것이 바로 A인 '암기 공부'이다. 이는 토익처럼 이른바 '학업'이라는 단어로 바꾸어도 무방하다.

이어서 B인 '업무 공부'란 이를테면 경제나 금융공학 전반에 대한 공부가 대부분인데, 공부의 대상 자체가 시시각각 진화하기 때문에 아무리 공부해도 종착점이 없다.

한편, '교양을 쌓고 인격을 수양하는 지혜'가 되는 공부 중에 천장이 있는 'C 취미 공부'는 다도나 무도 자격증이나 취미 관련 검정시험 등이 이에 해당되며, 천장이 없는 'D 인생 공부'는 교양을 쌓는 공부로 그야말로 범위가 무한정하다.

2 성적표와 무관한 '영리함'

나만의 Style로 공부하라

공부는 '학업'이 전부가 아니다. '암기 공부'는 부족해도 '업무 공부'나 '인생 공부'에 대한 지혜를 갖춘 이는 얼마든지 있다.

'공부 체질이 아니다'라고 단정 짓지 말라

내가 '매트릭스 공부법'을 고안한 데는 나름대로 이유가 있다. 첫 번째는 이른바 '학업'이라 불러도 무방한 '암기 공부'에 치우친 나머지 그만 '공부 알레르기'가 생겨버린 이가 너무도 많기 때문이다.

많은 사람이 수험 공부나 자격시험에 실패했다고 해서 '나는 공부 체질이 아니다.'라고 단정 짓고 공부 자체를 아예 단념하니 실로 안타까울 따름이다. 그것은 결국 공부의 본래 목적인 '자신을 성장시키고 인생을 풍요롭게 가꾸는 일'을 포기하는 것과 마찬가지다.

공부는 '학업'이 전부가 아니다. '암기 공부'는 부족해도 '업무 공부'나 '인생 공부'에 대한 지혜를 갖춘 이는 얼마든지 있다.

반면에 '암기 공부'를 잘해 학교에서 뛰어난 수재로 불리던 사람이 사회에 나가 결단력이나 판단력이 부족해 쓸모없는 존재로 전락하는 경우도 비일비재하다.

즉, 학교 공부나 시험 공부가 인생의 전부는 아니라는 말이다.

'인생사 가지가지, 공부도 가지가지.'라고 했다. '학업'에 소질이 없다고 '암기 공부'에 얽매일 필요는 없다. '암기 공부'만 잘한다고 능사가 아니다. 천장은 끝없이 높다는 점을 반드시 기억하자.

MBA에서 공부에 매진하는 의미

요사이 이른바 '공부 붐'이 일면서 자격증 취득을 요구하는 회사가 늘고 있다. 이 때문에 '암기 공부'에서 시작해 '업무 공부'나 '인생 공부'로 방향을 전환하는 경우가 많아졌다. 그러나 공부의 길은 한 가지만 있는 게 아니다.

앞서 말했듯이 '암기 공부'를 포기하고 '업무 공부', '취미 공부', '인생 공부'에 집중하는 방법도 있다. 혹은 직장에서 일하며 '업무 공부'를 한 다음, 지식을 더욱 체계화하기 위해 '암기 공부'로 돌아올 수도 있다. MBA 등이 바로 그 전형이다.

미국의 명문 비즈니스 스쿨은 실제 비즈니스 경험이 없으면 아예 입학조차 할 수 없다. 왜 그럴까?

비즈니스란 경험을 쌓아가는 과정에서 성공의 요령이나 핵심을 터득하기 마련인데, 유감스럽게도 어설픈 감이나 약간의 경험만으로는 일정 수준 이상의 성과를 내기가 어렵다. 더군다나 경영 분야에서는 위로 올라갈수록 더욱 높은 수준의 업무 능력이 요구된다.

예컨대, '이번 분기에는 ○가 히트했으니 그럭저럭 실적이 괜찮았다.'와 같은 안심은 금물이다. 간부급 정도의 위치에 올랐다면 성과의 수준을 지속적으로 올려야 할 의무가 있다.

이를 위해 과거의 성공적인 경영자 및 체계화된 경영에 대한 공부가 필수다. 그래서 미국에서는 이미 경영자가 MBA에 다니며 경영 공부에 매진하는 일이 비일비재하다.

이처럼 '암기 공부', '업무 공부', '취미 공부', '인생 공부'에서 정해진 루트란 없다. '이젠 나이도 먹었으니까.', '업계의 일은 충분히 파악하고 있으니까.'라며 섣불리 단정 짓지 말자. 공부는 나이와 무관하다.

'공부하고 싶은 것'을 발견한다면 절반은 이룬 것이나 다름없다

자신을 향상시키려면 '지금 자신이 무엇을 공부해야 하는지.'를 아는 것이 가장 중요하다.

지금 당신에게 부족한 능력은 무엇인가

거듭 강조하지만 '업무 공부'에서 '암기 공부'로 이동하거나 혹은 그 반대처럼 자기 능력이나 업무 상황 등을 고려해 공부 내용이나 방식에 변화를 주면 큰 효과를 얻을 수 있다.

학계에서는 논문을 작성할 때 '무엇을 써야 할지 주제를 정했다면 이미 절반은 완성한 것과 같다.'고 말한다.

공부도 이와 다를 바 없다. 자신을 향상시키려면 '지금 자신이 무엇을 공부해야 하는지.'를 아는 것이 가장 중요하다. 그런데 이 점을 간과하는 이가 예상 외로 많다.

그런 면에서 '매트릭스 공부법'은 매우 유용하며 실행 방법도 무척 간단하다. 앞서 설명한 것처럼 가로와 세로축을 긋고, 자신이 지금까지 무엇을 공부해왔는지, 앞으로는 무엇을 공부해야 하는지 항목별로 전부 적어넣고 이를 매트릭스에 옮겨보면 된다.

■■■ 자신만의 매트릭스 공부법을 작성해보자 ■■■

남성 28세 (은행원)

	천장이 있는 공부	천장이 없는 공부
경쟁에서 이길 수 있는 **무기가 되는 공부**	**A 암기 공부** 애널리스트 시험을 본다	**B 업무 공부** 금융 전반의 지식을 넓힌다
교양을 쌓고 인격을 수양하는 **지혜가 되는 공부**	**C 취미 공부** 요트 면허증을 취득한다	**D 인생 공부** 영어 원서 소설을 읽는다

여성 32세 (여행사 근무)

	천장이 있는 공부	천장이 없는 공부
경쟁에서 이길 수 있는 **무기가 되는 공부**	**A 암기 공부** 여행 업무 취급 자격을 취득한다	**B 업무 공부** 중국어 공부를 한다
교양을 쌓고 인격을 수양하는 **지혜가 되는 공부**	**C 취미 공부** 다도 자격증을 취득한다	**D 인생 공부** 고전을 읽는다

그러고 나서 자신은 장래에 어떻게 되고 싶은지, 무엇을 하고 싶은지를 생각해보고, 그것을 이루기 위해 어떠한 능력이 필요한지도 알아보자. 이 단계를 통해 현재 자신에게 어떤 능력이 부족하며, 부족한 실력

을 보충하기 위해 지금 당장 해야 할 일이 무엇인지 알게 될 것이다.

예를 들어, 지금 은행에서 지점 근무를 하는 영업 사원이 3년 후에는 본사에서 프로젝트 파이낸스(project finance, 은행 등 금융기관이 사회간접자본 등 특정 사업의 사업성과 장래의 현금 흐름을 보고 자금을 지원하는 금융기법)나 M&A(mergers and acquisitions, 기업 인수 합병)의 업무를 지망한다고 가정해보자.

만일 그가 부기나 회계 같은 기본적인 재무 지식이 부족하다면, 우선은 업무나 사내 시험을 활용하거나 혹은 독학이나 학원에 다니면서 '암기 공부'부터 시작한다. 이를 통해 기초를 튼튼히 다지고 나면 경제의 전반적인 지식인 '천장이 없는 공부', 즉 '업무 공부'로 방향을 전환해볼 수 있다.

이와 반대로, 오랜 기간 현장에서 잔뼈가 굵었으나 조직 규모가 커지면서 지금까지의 능력으로는 조직 운영에 한계를 느끼는 사람의 경우를 살펴보자.

그동안 '사업'이라는 천장이 없는 공부를 해왔으므로, 부기나 회계를 공부해 재무 지식을 강화할 필요가 있다. 글로벌 비즈니스 전개를 원한다면 비즈니스 영어도 배운다. 또한 같은 계통 종사자들과 유대관계를 쌓고 싶다면 문학과 철학 같은 교양을 습득하는 것도 효과적이다. 실천할 수 있는 수단은 찾아보면 그야말로 무궁무진하다.

그 안에서 '지금 자신에게 어떤 공부가 가장 시급한지'를 파악해 공부의 우선순위를 정하고, 중·장기적으로 공부 계획을 세우는 것이다.

이처럼 공부란, '업무 공부', '암기 공부', '취미 공부', '인생 공부'를 자유자재로 오가며 스스로를 연마해나가는 과정이다.

참고로, 대학에 입학하면서 '세계를 무대로 활약하는 인간이 되고 싶다.'고 다짐한 나는 곧바로 학교 근처에 있는 영어 회화 학원에서 영어 공부를 시작했다.

그리고 대학을 졸업하고 취직할 시기에는 '유용한 공적 업무를 하고 싶다.'는 포부에 따라 국영 일본개발은행에 입사했고, 입사 후에는 재무경리의 기초를 공부하기 위해 독학으로 부기를 공부했다. 기본적인 능력을 습득한 후에는 하버드 대학 국제문제연구소의 객원연구원이 되어 경제·경영·정치의 '천장이 없는 공부'에 뛰어들었다.

■■■ 나, 다케나카 헤이조의 매트릭스 공부법 ■■■

20대 (일본개발은행 은행원 시절)

	천장이 있는 공부	천장이 없는 공부
경쟁에서 이길 수 있는 **무기가 되는 공부**	**A 암기 공부** 부기 3급 자격증을 취득한다	**B 업무 공부** 하루에 원고 3매씩 쓴다
교양을 쌓고 인격을 수양하는 **지혜가 되는 공부**	**C 취미 공부** 특별히 없음	**D 인생 공부** 특별히 없음

앞으로의 목표

	천장이 있는 공부	천장이 없는 공부
경쟁에서 이길 수 있는 **무기가 되는 공부**	**A 암기 공부** 중국어 익히기 (중국어 검정 시험 응시)	**B 업무 공부** '행동경제학'으로 정치를 고찰해보기
교양을 쌓고 인격을 수양하는 **지혜가 되는 공부**	**C 취미 공부** 역사를 배우기 (역사 문화 검정 시험 응시)	**D 인생 공부** 언젠가 소설을 집필하기

돌이켜보면, 이러한 과정을 통해 나는 언제나 '매트릭스 공부법'을 자연스럽게 머릿속에 떠올리면서 현재 내 위치를 파악하고, 앞으로의 목표를 설정하고, 그에 따라 공부 계획을 세웠다. 그리고 그 계획을 하나씩 현실화하면서 조금씩 목표에 다가갔다.

나는 아직도 공부 중이다.

4 노력할 수 있는 재능

나만의 Style로 공부하라

결국 성공은 눈앞의 상황을 이겨내고 노력해나갈 수 있는지 없는지에 달렸다. 주변에 휩쓸리지 말고 원대한 꿈을 안고 묵묵히 앞으로 나아가자. 이 점 하나는 반드시 기억하자. 힘들고 지칠 때 노력을 지속해나가는 힘, 그것은 바로 다름 아닌 자신의 강한 의지이다.

이치로와 마츠이는 노력의 천재

나는 '경쟁에서 이길 수 있는 무기가 되는 공부'와 '교양을 쌓고 인격을 수양하는 지혜가 되는 공부'를 지속하고 있다. 이와 더불어 가능하다면 천장이 없는 '인생 공부'에 진입하고 싶지만 그 목표는 아직도 멀게만 느껴진다.

그렇다면 과연 누가 최종적인 '인생 공부'에 도달하는 걸까? 한마디로 답하자면, 부단히 노력을 지속하는 사람이다.

사람들은 다른 사람에게 '노력하라'는 말을 쉽게 하지만, 사실 '노력한다'는 것은 말처럼 그리 간단하지 않다. 목표를 달성하기 위해 늦은 저녁까지 학원을 다니거나, 혹은 과중한 업무에 시달리고 온갖 개인적인 사정에 휘말리다 보면 그만 공부를 포기하고 싶은 마음이 굴뚝 같아진다. 게다가 어찌어찌해서 목표를 달성한다고 해도 그 순간 긴장의 끈을 놓아버리는 사람이 대단히 많다.

그러나 '경쟁에서 이길 수 있는 무기'와 '교양을 쌓고 인격을 수양하는 지혜'를 겸비한 인간이 되려면 '지금 나에게 무엇이 부족한가.'를 항상 염두에 두고 이를 채워나갈 구체적인 실행 계획을 세워서 꾸준히 노력해야 한다.

그 정도의 근성과 추진력이 없다면, 천장이 없는 학문에 도전해도 도중에 단념하기 일쑤다. 공부를 지속해나가기 위해서는 무엇보다 '노력할 수 있는 인간'이 돼야 한다. 공부에 지름길이란 없다.

그렇다면 노력할 수 있는 인간이란 어떤 인간인가?

대표적인 예로, 미국 메이저 리그에서 활약하는 스즈키 이치로 선수가 있다. 보통 이치로의 위업이 화제에 오르면 "그는 천재니까."라며 간단히 결론을 내리는 이가 많은데 과연 그럴까? 물론 이치로 선수는 천부적인 재능이 분명히 있다. 그러나 그 이상으로 '노력하는 재능'을 가지고 있다.

이치로 선수가 야구를 시작한 건 초등학교 3학년 때라고 한다. 의외로 시작이 늦은 편이다. 그러나 이후 중학교 3학년 때까지 하루도 빠지지 않고 아버지와 함께 배팅 센터에 다니며 독하게 연습했다고 한다. 몸이 나른한 아침이나 의욕이 생기지 않는 날에도 결코 빠지는 법이 없었다. 아마도 이 시기에 '노력하는 재능'이 피어나기 시작했음을 짐작할 수 있다. 그리고 이치로 선수가 높은 타율을 자랑하는 유명 타자가 되고 나서도 결코 현재에 만족하지 않고 경기가 끝나고도(야간 경기를 마치고도) 배팅 연습을 계속했다는 유명한 이야기가 있다.

메이저 리그의 뉴욕 양키즈 팀에서 활약하는 마츠이 히데키 선수도 마찬가지다. 그는 어린 시절부터 부친이 강조했던 '노력하는 것이 바로 재능이다.'라는 말을 좌우명 삼아 크고 작은 부상에도 굴하지 않고 부단히 노력해왔다.

두 선수의 공통점은 자기 분야의 정점에 올라섰고 그만한 명예를 얻었지만 '나는 아직 부족하다.'고 생각한다는 것이다. 또 지금 자신이 무엇을 해야 하는지에 대한 상황 분석이 명확하며 이를 실행에 옮기려고 노력한다는 점이다.

이러한 노력은 그야말로 틀림없는 재능이다. 이치로 선수와 마츠이 선수의 신체 조건까지 갖출 필요는 없다. 우리가 그들에게서 배울 점은 꾸준히 노력하는 재능, 바로 그것이다.

주변 환경에 휩쓸리지 않고 꿈을 향해 나아가는 힘

포기하지 않고 노력해나가는 데 든든한 버팀목이 되는 것은 '나는 이렇게 되고 싶다.'라는 굳은 의지이다.

인간은 원래 주변에 휩쓸리기 쉬운 존재이다. 그러므로 꿈과 의지가 없다면 노력을 지속하기 어렵다.

삿포로 농학교(현 홋카이도 대학)의 초대 교장이었던 윌리엄 S. 클라

크(William Smith Clark) 박사는 일본을 떠날 당시 제자에게 "소년이여, 야망을 가져라(Boys, be ambitious)."라는 너무나도 유명한 말을 남겼는데, 이 명언 역시 노력하는 일의 고통을 시사한다고 생각한다.

"소년은 늙기 쉽고 학문은 이루기 어렵다."라는 또 다른 유명한 말도 있지 않은가! 나도 중년의 연배가 되고 보니 뼈저리게 그 뜻을 실감하는 중이다.

지금 대학에 돌아와 교편을 잡고 있는데 주위를 살펴보면 현실의 벽에 부딪쳐 힘들어하는 학생이 많다. 특히, 대학에 남아 석사에서 박사로 진학하는 젊은이들의 조바심은 극에 달한다. 그도 그럴 것이, 졸업 후 좋은 회사에 들어가 잘나가는 동기들과 자신의 처지가 비교가 되니 상대적 박탈감을 느끼는 것은 당연하다.

게다가 성인이 되어서도 부모에게 의지하는 자신이 한심하게 여겨지기도 한다. 아직 학생 신분이라 대학에서도 대우가 과히 좋지는 않다. 박사 과정을 마쳐도 여전히 취직을 못한 이들은 울며 겨자 먹기로 고된 조교 생활을 장기간 감내해야 한다. 참으로 딱한 노릇이다.

그렇다고 좌절하지는 말자. 결국 성공은 눈앞의 상황을 이겨내고 노력해나갈 수 있는지 없는지에 달렸다. 주변에 휩쓸리지 말고 원대한 꿈을 안고 묵묵히 앞으로 나아가자. 이 점 하나는 반드시 기억하자. 힘들고 지칠 때 노력을 지속해나가는 힘, 그것은 바로 다름 아닌 자신의 강한 의지이다.

'You can do it!'

노력을 지속해나가기 위해 강한 의지와 함께 중요한 것이 '나는 반드시 해낸다.'라고 믿는, 결코 포기하지 않는 자세이다. 노력에는 어느 정도 낙관적인 태도가 필요하다. 그렇지 않으면 도무지 의욕이 생기지 않는다. 설령 지나치게 태평하다는 소리를 들을지언정 '나는 할 수 있다.'고 굳게 믿어야 한다.

일본인은 입에 뱉 정도로 모든 일에 '힘내라!'라고 하는데, 영어로 유사한 표현은 'You can do it!'이다. 영어권에서는 '너라면 할 수 있어!'라며 상대를 응원하고, 당사자는 '나라면 할 수 있다!'라고 되뇌며 스스로 의욕을 다진다.

'You can do it!'이라는 말에 용기를 얻었던 경험이 있다. 1981년, 그러니까 내가 29세에 하버드 대학 국제문제연구소의 객원연구원으로 부임한 직후의 일이다.

대학 시절부터 영어 회화 학원을 꾸준히 다니며 공부했기에 나는 나름대로 영어에 자신이 있었다. 그런데 막상 보스턴에 도착해보니 도무지 의사소통이 되지 않았다! 일상 영어가 이러할진대 하물며 하버드 대학의 학술적인 대화는 더 말해 무엇하랴. 설상가상으로 일본에서 부친 짐의 도착 시간이 지연되어 더 울적했다. 그러던 와중에 보스턴 마라톤이 열린다고 하여 기분도 전환할 겸 거리로 나섰다. 바로 그날, 마라톤에서 첫 우승을 거머쥔 이는 다름 아닌 일본인 세코 토시히코(1981

년 보스턴 마라톤 대회와 1983년 도쿄 마라톤 대회에서 우승해 일약 일본의 국민적 영웅으로 떠오른 마라톤 선수—옮긴이)였다.

세코 선수는 우승 후보로 거론되긴 했지만 당시에는 아직 신인에 불과했고 강력한 라이벌이 다수 포진한 상황이었다. 게다가 14시간의 시차가 나는 타국에서 얼마나 컨디션 조절에 어려움을 겪었을지 미루어 짐작할 수 있었다. 그러한 상황에서도 시합은 연신 혼전에 혼전을 거듭했다.

결승 지점 가까이에서 누가 먼저 들어올지 기다리고 있는데 멀리에서 흰 바탕의 유니폼에 붉은 태양의 원이 시야에 들어왔다. 바로 세코 선수였다! 그 순간 가슴이 터질 듯한 흥분에 사로잡혔다. 타국에서 고군분투하는 세코 선수의 모습에 나 자신을 투영했는지도 모르겠다. 나는 무의식중에 "힘내라!"라고 일본어로 소리쳤다. 그러자 주변에 있던 미국인들도 덩달아 세키 선수를 응원하기 시작했다.

"You can do it!"

부끄러운 얘기지만, 그때 처음으로 '힘내라!'라는 말이 영어로 'You can do it!'이라는 것을 알았다. 나는 그 순간 노력하는 자에게 국적을 불문하고 "You can do it!"이라고 격려해주는 미국인의 태도에 감동받았다.

또 다른 일화도 있었다. 무하마드 알리에게 승리를 거두기도 했던 헤비급 복싱 선수 조 프레이저의 복귀전을 시청하고 있었는데 텔레비전화면에서 그의 의상과 어깨띠에 적힌 'Yes, I can!'이라는 문구를 발견했다. 순간 그 말이 바로 그의 좌우명이 아닐까 생각했다.

미국인은 노력하는 사람에게 "You can do it!"이라고 격려하고, 당사자는 "Yes, I can!"이라며 의지를 불태운다. 그들의 낙관적인 마음과 의욕이 참으로 부럽다.

망설임 없이 노력을 지속해나가기 위해서는 우선 '나는 할 수 있다.'라고 믿어라. 스포츠 선수든 회사원이든 다를 바 없다. 노력하는 자세는 자신을 믿는 힘에서 우러나온다는 사실을 명심하기 바란다.

02 나만의 Style로 공부하라

다케나카식 공부 9대 비법

> ## ◎ 다케나카식 공부 9대 비법
>
> 1. 두 가지 목표를 세워라
> 2. 역으로 계획을 세워라
> 3. 기본이 전부다
> 4. 선의의 경쟁자를 두어라
> 5. 메모장을 항시 휴대하라
> 6. 시간은 만들기 나름이다
> 7. 무리지어 다니지 말라
> 8. 자신에게 과감히 투자하라
> 9. 숙면을 취하라

앞장에서는 공부에도 여러 종류가 있다는 점과 평생 공부를 지속해야 하는 필요성, 노력하는 자세의 중요성이라는 공부의 기본적인 요소에 대해 설명했다. 이번 장에서는 공부를 지속해나가기 위한 비법, 즉 자기 자신을 성장시키기 위한 마음가짐과 습관에 대해 살펴보도록 하겠다.

 두 가지 목표를 세워라

'기억 공부'란 어디까지나 커다란 꿈과 목표를 이루기 위한 단계이며, 현재 자신의 실력과 도달하고자 하는 목표치 사이를 메우려는 행위에 지나지 않는다. 공부가 취미인 사람은 제외하고, 공부란 어떤 목적을 이루기 위한 수단이라는 것을 잊지 말자.

능력은 트레이드오프 관계

우선적으로 '항상 두 가지 목표를 세워라.'라고 당부하고 싶다. 정치가는 눈앞의 대책에만 급급하여 본질을 놓치는 경향이 있고, 학자는 보편타당한 진리만 늘어놓아 현실감이 떨어진다. 그러나 이러한 경향이 비단 정계나 학계에 국한되는 것은 아니다.

인간은 원대한 이상만 좇으며 당장 발등에 떨어진 일은 외면하는 유형과 눈앞에 닥친 과제에만 매달려 세상을 넓게 바라보지 못하는 유형으로 나뉜다. 이 두 가지는 트레이드오프(trade off) 관계라서 일반적으로 어느 한 쪽을 선택하면 다른 쪽은 희생해야 하는 탓에 양쪽 요소의 균형을 잘 맞추는 사람은 지극히 드물다.

하지만 불가능한 목표는 아니다. 아니, 오히려 이토록 어렵기에 더욱 젊은이들에게 거시적·미시적 목표를 가지라고 당부하고 싶다.

즉, 당장 눈앞의 목표에만 휘둘리지 말라는 것이다.

그 대표적인 경우가 부기나 토익 같은 자격증을 따는 것 자체를 목표로 삼는 유형이다. 이들은 막상 자격증을 취득하면 그 결과만으로 뿌듯해하면서 모든 상황을 종료하고 정작 애써서 딴 자격증을 활용하지 못한다. 심지어 또 다른 자격을 취득하는 데 관심을 돌리는 경우도 있다. 이래서는 한낱 자격증 마니아에 불과할 뿐이다.

본래 '기억 공부'란 어디까지나 커다란 꿈과 목표를 이루기 위한 단계이며, 현재 자신의 실력과 도달하고자 하는 목표치 사이를 메우려는 행위에 지나지 않는다. 공부가 취미인 사람은 제외하고, 공부란 어떤 목적을 이루기 위한 수단이라는 것을 잊지 말자.

꿈을 꾸면서 밭을 일구는 사람이 되라

어느 전자제품 공장의 표어를 보고 깊은 인상을 받은 경험이 있다.

'꿈을 꾸면서 밭을 일구는 사람이 되라.'

원대한 이상을 지향하면서도 눈앞의 작은 현실에 충실하자는 뜻이리라.

실제로, 얼마 전까지 한 세대를 풍미했던 IT기업가 중에서 기업 가치를 높이고자 노력하면서 "IT기술을 통해 더 좋은 세상을 만들고 싶다."라고 말하던 이들은 여전히 건재한 반면에 "기업 성과의 극대화"만 부르짖던 이들은 예외 없이 자취를 감추었다.

이처럼 당장의 목표 달성에만 급급하다 보면 발전이 없다. 그렇다고 뜬구름만 잡고 있으면 실질적으로 경영에 소홀해져 파산할 가능성이 커진다. "전략은 세부 조항에 달려 있다."라는 말이 있듯이 눈앞에 닥친 구체적인 일을 꾸준히 지속해나가는 것도 중요하다.

실적만 강조하는 상사라면 "어떻게 해서든 이번 달 안에 얼마를 팔아치워라."라고 말할 것이다. 하지만 비전과 꿈이 있는 상사라면 "이 물건은 고객에게 유용하게 쓰이고 생활에 도움이 될 것이다."라고 말할 것이다.

당신이 부하 직원이라면 어느 쪽에 공감하겠는가?

2 역으로 계획을 세워라

나만의 Style로 공부하라

'역으로 계획하는 방법'은 방대한 업무(공부)량이라도 해야 할 일을 세밀히 나누어 봄으로써 현재 자신의 위치를 파악하게 되어 의욕을 오래 지속시키는 효과가 있다.

일하면서 100일 만에 책 한 권을 써낸 비법

목표를 세웠다면 다음은 이를 실현하기 위한 구체적인 공부 계획을 짜는 단계이다. 이때 중요한 점은 모든 공부에 마감을 설정하는 것. 바로 목표에서 역으로 계획을 짜는 일이다. 인간이란 모름지기 의지가 약한 동물이므로, 기한을 정해놓지 않으면 쉽게 의욕이 생기지 않는다. 따라서 우선은 목표를 정해야 한다.

내가 처음으로 낸 책 《연구개발과 설비투자의 경제학》(동양경제신보사)도 이렇게 역으로 세운 계획으로 완성해냈다.

당시에 나는 한 번이라도 좋으니 내 이름을 건 책을 내고 싶다는 야망을 불태우면서도 회사 업무에 치여 전혀 시간을 내지 못했다.

이러한 상황에서 단행본 한 권을 통째로 쓴다는 것은 불가능한 일이나 다름없었다. 그래서 나는 이 작업을 단순화해 생각하기로 했다. 단행본 한 권이면 400자 원고지로 300매 분량이다. 따라서 하루에 글을 3매씩 쓰면 100일 만에 책 한 권이 완성된다는 계산이 나온다. 나는 이를 그대로 실행에 옮겼다.

'하루에 원고지 3매'를 쓴다는 것은 퇴근 후에 집에서도 충분히 해낼 수 있는 분량이다. 하지만 이를 날마다 꾸준히 하기란 나름대로 부담이 따른다. 여기서 또다시 역으로 계획한다. 즉, 이번에는 하루에 원고지 3매씩 쓴다는 목표를 달성하기 위해 점심시간에 이야기 재료를 수집하고, 업무의 자투리 시간을 활용하여 저녁때까지 사전 조사를 끝내버리기로 했다.

이렇게 축적된 결과 당당히 예정대로 딱 100일 만에 처녀작을 완성할 수 있었다. 이렇게 '역으로 계획하는 방법'은 방대한 업무(공부)량이라도 해야 할 일을 세밀히 나누어 봄으로써 현재 자신의 위치를 파악하게 되어 의욕을 오래 지속시키는 효과가 있다.

여담이지만, 당시 작품은 이후 산토리 학예상(인문과학·사회과학 서적 가운데 독창적이고 우수한 연구 성과를 보인 대상에게 수여하는 상—옮긴이)을 받는 영예를 안겨주었다. 기쁨이 한층 더 컸음은 두말할 나위도 없다.

'To do list'를 만든다

혼자서도 가능한 업무와는 달리 회의나 조정 등 사람이 개입하는 일은 스케줄을 정확히 계산하기가 어렵다. 팀 구성원에 따라 의견을 조정하는 시간이 많이 걸려 스케줄이 꼬여버릴 가능성이 있기 때문이다.

그래서 나는 애당초 '회의'나 '조정'을 스케줄에 넣지 않는다. 의논이나 회의가 포함되면 그 일을 '하는 것' 자체가 목적이 되어버릴 때도 있기 때문이다. 이러한 이유로 나는 '언제까지 무엇을 정해두기.' 나 '며칠까지는 어느 부분까지 논의를 심화시켜 놓기.' 라는 일명 'To do list'를 만들었다. 그리고 그 예정대로 실행해나갔다.

스케줄은 월 단위 수첩으로 관리한다

예정대로 일을 진행하기 위해서 수첩을 사용하면 스케줄을 관리하기가 한결 수월해진다.

단, 월 단위 수첩을 사용하라고 권하고 싶다. 일주일 단위로는 전체 목표에서 자신이 현재 어느 지점에 도달했는지 한눈에 파악하기가 어려워 계획에 차질이 생길 가능성이 높다.

나는 목표에서 역으로 계획하여 하루 공부 할당량을 정한 다음 월 단위 계획표에 적어놓고 공부한 성과도 일일이 기록한다. 이렇게 하면 계획에 차질이 생겨도 곧바로 점검할 수 있어서 이삼일 안에 계획대로 맞춰놓기 쉽다.

공부하는 테마별로 한 권씩 '공부 노트'를 만들어보는 것도 유용한 방법이다. 나는 첫 번째 페이지에 월 단위 공부 일정을 붙여놓고, 나머지 페이지에는 핵심 내용과 취약 포인트를 정리해둔다. 그리고 항상 노트를 가지고 다니면서 틈틈이 한 장씩 넘겨보며 진행 상황을 점검하거나 휴대용 메모지로 활용한다.

무조건 해야 한다

인간인 이상 때로는 의욕이 시들해져 스케줄이 늦어지는 상황도 생기게 마련이다. 그럴 때는 다음과 같이 생각해보자.

경제학계에서는 현상을 곧잘 '대상황'과 '소상황'으로 나누어서 바라보는 경향이 있다. '대상황'이란 '지금 경제는 심각한 위기 상황이므로 구조 개혁이 필요하다.'처럼 국가 발전이나 안전성에 관련된 중대한 문제를 가리킨다. 반대로 '소상황'이란 '오늘 이러한 보도로 말미암아 A회사 주식이 하락했다.'처럼 당장 오늘 내일 발생하고 해결되는 문제를 일컫는다.

그럼 이 '대상황'과 '소상황'을 개인의 공부와 업무에 대입해보자. '나에겐 ○가 부족하니까 □의 공부가 필요하다.'가 '대상황'이라면, '오늘은 기분이 내키지 않는다.' 혹은 '의욕이 생기지 않는다.'는 '소상황'이다.

'의욕이 생기지 않는다.'며 늘어놓는 온갖 푸념은 '승진 시험에 합격한다.'와 같은 큰 목표에 비할 바가 아니다. 진정 '대상황'을 이루고 싶다면, 의욕 운운하기 전에 무조건 해야만 한다.

 3 기본이 전부다

나만의 Style로 공부하라

업무에서든 공부에서든 'B to B', 다시 말해 'Back to Basic'이 핵심이다. 기본기를 착실히 다지고 나서 실전 대비 연습을 꾸준히 하는 자가 결국에는 승리를 거머쥔다.

한신 타이거즈가 요미우리 자이언츠를 이기지 못하는 이유

나는 와카야마 출신으로 열렬한 한신 타이거즈 팬이다. 어릴 적부터 그들의 호쾌한 플레이를 보면 항상 마음이 떨린다.

그러나 고등학생이 되고 나서 안타깝게도 한신이 요미우리를 이기지 못하는 이유를 알게 되었다. 당시 한신 야구는 결정적으로 기본기가 부족했다.

요미우리 야구는 철저한 기본기 야구를 추구한다.

그 옛날 요미우리의 가와카미 데쓰하루(일본 요미우리 자이언츠 야구 선수이자 감독을 역임했으며 타격의 신으로 불렸다―옮긴이)의 훈련 풍경은 '데쓰의 장막'이라 불릴 만큼 철저한 비공개로 진행되었다. 모두 특별한 비법이 숨겨 있을 것이라 예상했지만, 그는 정석대로 기본 연습만 되풀이했다고 한다.

시시하다고 생각할 수도 있지만 그렇게 기본에 충실했던 덕분에 가와카미 선수는 노아웃 주자 1루 상황의 희생 번트에 결코 실패하는 법이 없었다.

관객 입장에서 보면 기본기에 충실한 야구는 화려한 맛이 없어 지루하고 심지어 다소 치사해 보이기까지 한다. 하지만 야구는 냉정한 승부의 게임! 기본기를 확실히 다져놓아야 시합에서 이길 확률도 높다는 건 부인할 수 없다.

기본에 충실한 사람

기본 없이는 아무것도 이룰 수 없다. 하지만 요즘 젊은이들은 시시해 보인다며 기본을 건너뛰고 막무가내로 중심 목표를 향해 돌진한다.

업무도 마찬가지다. 조금씩 착실하게 고객을 늘려가거나 기존 고객을 꾸준히 관리하는 업무를 무시한 채 그저 한 방 역전을 노려 단기간에 신규 고객을 한꺼번에 끌어들이려고 거창한 이벤트를 벌이는 행위가 바로 기본기를 경시하는 전형적인 예이다.

마치 부기 3급을 제대로 알지도 못하면서 응용 거시 경제를 논하는 격이다. 기본을 못하면 아무것도 못한다.

은행원이 되고 나서 부기 3급에 도전하다

흥미롭게도, 경제라는 학문은 깊이 들어가면 들어갈수록 부기 3급의 중요성을 뼈저리게 느끼게 된다. 업무에서든 공부에서든 'B to B', 다시 말해 'Back to Basic'이 핵심이다. 기본기를 착실히 다지고 나서 실전 대비 연습을 꾸준히 하는 자가 결국에는 승리를 거머쥔다.

거듭 기본의 중요성을 강조하는 이유는 기본은 결코 변하지 않기 때문이다.

지금과 같은 디지털 세상 속에서 IT기술은 하루가 멀다 하고 진보하고 있으며 세계정세도 시시각각 급변하고 있다. 아울러 이에 관련된 법률과 정책, 회계 기준이나 시스템 등도 급속한 진화를 이루어왔다. 그러나 기본은 항상 그대로다. 어떤 분야에서든 기본을 확립해놓으면 앞으로 상황이 변한다 할지라도 혼란을 겪을 일은 없다는 말이다.

여담이지만 나는 일본개발은행에 입사하고 나서야 부기 3급 공부를 시작했다. 참고로 부기 3급이란, 상업 고등학교를 졸업하면 익힐 수 있는 수준의 재무 지식이다. 혹여나 독자 가운데는 '은행원이 굳이 부기 3급을 공부할 필요가 있나? 차라리 일하면서 배우거나 연수를 가서 바로 습득하는 게 낫지 않을까?'라고 의아해할지도 모르겠다.

그러나 OJT(on-the-job training, 직장 내 교육 훈련-옮긴이) 혹은 연수를 통해 배우는 재무 지식은 어디까지나 표면적인 지식일 뿐 현장에서 실제로 주판을 튕기는 생생한 회계와는 상당한 차이가 있다. 은행원 업무는 그야말로 현장에서 수십 년간 잔뼈가 굵은 경리부장들을 상대하는 일이다. 그러므로 노련한 베테랑과 일하면서 공통 언어가 되는 부기를 모른다는 것은 말도 안 되는 일이다. 이것이 바로 내가 부기 3급 공부를 시작한 이유다.

물론 일과 공부를 병행하느라 부담이 많이 따랐다. 퇴근해 집에 돌아온 후 공부하겠다고 의지를 다져도 페이스 조절에 소홀하면 뒤처지기 마련이다.

결국 나는 저녁 6시부터 9시까지 근무처 근처에 있는 부기 학원에 다녔고, 학원을 마치면 다시 회사로 돌아가 잔업을 정리하는 바쁜 나날을 보냈다.

그러면서도 몸은 힘들었을지언정 마음은 '나는 지금 공부하고 있다.'는 충만감으로 가득했다. 마침내 부기 3급 시험에 합격했을 때의 성취감은 그야말로 이루 말할 수 없을 정도였다.

4 선의의 경쟁자를 두어라

나만의 Style로
공부하라

'이 사람에게만큼은 절대로 지지 않겠다.' 라든가 '이 자의 코를 납작하게 해주고 말겠다!' 라는 마음가짐은 고된 업무나 공부를 견디게 하는 원동력이 된다.

타인을 의식하면 능력이 곱절로 발휘된다

나에게는 대학 시절에 알게 된 두 명의 소중한 벗이 있다. 당시 우리는 곧잘 수업을 빼먹고 구니타치 역 근처의 '로지나' 라는 찻집에 눌러앉아 경제나 정치에 대해서 열렬히 토론했다.

친구들과 한바탕 벌이는 토론의 가장 큰 매력은 자극을 받는다는 점이다. 예를 들어 '이 녀석, 여기까지 공부하고 있다니!' 하고 새삼 놀라면서 '나도 더 열심히 해야지!' 하고 의욕이 솟구친다.

나는 자주 학생들에게 "경제를 자세히 알고 싶다면 곁에 좋은 경쟁자를 두어라."라고 말한다.

이와 함께 자신의 비평가를 곁에 두는 것도 중요하다. 사람은 누구나 자신을 격려해주는 이를 좋아하기 마련이다. 그러나 무조건 칭찬만 해주는 이에게 둘러싸여 있으면 성장하지 못한다.

반면에 날카로운 통찰력을 갖춘 이에게 결점을 비판받으면 오히려 동기 부여가 된다. 신뢰감 가는 상대에게 개선할 점을 명확하게 지적받으면 그만큼 결점을 극복하기도 쉬워진다는 말이다.

예를 들면 저자와 편집자의 관계가 대표적이다. 일본의 저명한 국제정치학자였던 고(故) 고사카 마사다카는 젊은 시절 책을 출간할 때면 항상 편집자가 빨간 펜으로 여기저기 수정을 해놓아 너덜너덜해진 원고를 돌려받기 일쑤였다.

그럴 때마다 '언젠가 기필코 저 사람에게 인정받고 말 테다.' 라고 의욕을 불태우면서 한 단계 도약했다고 회고했다.

요컨대, 다수의 군중이 아닌 '특정인'을 의식하라는 말이다. '이 사람에게만큼은 절대로 지지 않겠다.' 라든가 '이 자의 코를 납작하게 해주고 말겠다!' 라는 마음가짐은 고된 업무나 공부를 견디게 하는 원동력이 된다.

5 메모장을 항시 휴대하라

나만의 Style로 공부하라

언제 어디서든 메모하는 습관을 들이면 모처럼 떠오른 아이디어를 잊어버리거나 중요한 업무나 공부의 할당량을 지나치는 일은 거의 없다. 따라서 '메모' 야말로 현대 직장인의 필수 능력이라 하겠다.

일기는 내일을 위한 교훈

메모장을 항시 들고 다니면서 틈틈이 떠오르는 아이디어나 흥미로운 정보를 적어두는 것도 공부의 질을 높이는 효과적인 방법이다. 사실, 사람의 기억력은 그다지 신용할 것이 못 된다.

인간은 무엇이든 금방 잊어버리는 경향이 강하므로 자신의 두뇌를 과신하지 않는 게 좋다.

나는 경제재정담당 장관에 취임한 직후부터 줄곧 일기를 썼는데 (이 일기는 《구조 개혁의 진실》(한국경제연구원)이라는 타이틀로 출간되었다) 지금 와서 다시 읽어보면 '이런 일도 있었군.' 하며 깡그리 잊고 있던 사실에 새삼 놀라곤 한다.

메모장이나 일기는 반성의 계기도 된다. 나는 일기에 실패담을 기록하고 '이 같은 실수는 두 번 다시 하지 않겠다.' 라고 다짐한다.

아울러 메모나 일기는 시행착오를 줄이는 데도 유용하다. 복잡한 문제를 해결하려면 오랜 시간 심사숙고하게 마련이지만, 한두 시간 고심을 거듭해도 별다른 성과 없이 끝나는 경우가 태반이다. 그러나 최근에 떠올렸던 아이디어를 메모하고 반복해서 읽어보는 습관을 들이면 불현듯 좋은 아이디어가 떠오르기도 한다.

원고도 마찬가지다. 자유롭게 써내려간 초벌 원고를 가지고 다니면서 이동하는 중에 틈틈이 읽어보고 첨삭하는 사이, 성긴 그물 같던 원고가 어느덧 촘촘하고 튼튼한 최종 원고로 변해간다.

베개 옆에 항상 메모장을 둔다

잠시 졸고 있을 때 기발한 아이디어가 떠올랐는데 잠에서 깬 순간 깡그리 잊어버렸던 적이 없는가?

인간의 수면 상태는, 몸은 쉬고 대뇌가 활동하는 '렘수면'과 몸과 대뇌가 함께 활동을 쉬는 '논-렘수면'이 90분 주기로 반복된다. 특히 렘수면에는 신경 전달 물질이 증가해서 오히려 깨어 있을 때보다 기억과 감각이 활성화된다고 한다. 가끔 깜박 졸고 난 후에 하늘의 계시처럼 아이디어가 번뜩이는 이유도 여기에 있다.

그러나 모처럼 떠올린 아이디어를 잊어버린다면 그걸로 끝이다. 이를 방지하기 위해 자기 전에 베개 근처에 메모지를 놓아두면 어떨까?

덧붙여 말하자면, 내가 존경하는 사누키 토시오 선배는 독학으로 경제학 박사와 공학 박사 학위를 취득한 비상한 두뇌의 소유자인데, 잠결에 떠오른 아이디어는 반드시 메모해둔다고 한다. 심지어 유명한 발명왕 에디슨도 이 방법을 활용했다고 전해진다.

재무성 엘리트의 놀라운 메모 기술

인간은 습관의 동물이다. 언제 어디서든 메모하는 습관을 들이면 모처럼 떠오른 아이디어를 잊어버리거나 중요한 업무나 공부의 할당량을 지나치는 일은 거의 없다. 따라서 '메모'야말로 현대 직장인의 필수 능력이라 하겠다.

정부 부처에 근무하던 시절, 나는 재무 관료들의 메모 기술에 혀를 내두른 경험이 있다.

재무성은 관료들 가운데서도 유능한 인재들이 모인, 이른바 엘리트 중의 엘리트 집단이다. 나는 금융 담당 장관 시절, 이들과 함께 일하면서 그들의 월등한 실력에 놀라움을 금치 못했다. 그들은 내가 슬쩍 흘린 한마디조차 결코 놓치는 법이 없었다. 무심코 던진 한마디에도 온 신경을 집중하여 관련 자료를 찾아보고 조사해 보고했다. 하나하나 꼼꼼하게 메모하는 습관이 이 같은 순발력을 가능케 했으리라고 본다.

일반적으로, 관료가 되면 신입 시절에 '로지'라고 하는 역할을 수행해야 한다. '로지'란 로지스틱스(logistics)의 약어로 물류란 뜻이다. 즉,

예의범절 교육의 일환으로 신입 관료에게 온갖 '심부름'을 시키는 것이다.

예를 들어 두 시간 안에 서류에 필요한 상사의 도장 20개 받아오기, 장관이 타는 엘리베이터는 바로 올라가도록 항시 대기시켜 두기와 같은 잡다한 일은 물론이거니와, 매스컴에 정보를 제공하고 정치가와 교섭하기 위해 사전에 진행하는 등 지극히 민감한 조정 문제도 떠맡는다. 민감한 사안은 조금이라도 실수를 저지르면 다음 날 바로 신문 기삿거리가 되거나 비난거리가 되어 큰 낭패를 보기 십상이다. 그래서 그들은 무슨 일에도 대단히 치밀하게 메모한다. 실제로 그들의 메모를 살짝 본 적이 있는데 'A신문 마감은 ○시', 'B기자는 ×를 잘한다.', 'C부장은 속단 속결형'과 같이 그야말로 개인의 사소한 업무 습관까지 빠짐없이 기입한 내용을 보고 그 치밀함에 감탄을 연발했다.

그렇게 그들의 완벽한 업무 수행은 모든 정보가 완벽하게 관리되지 않으면 불가능하다는 사실을 새삼 깨달았다.

쓰고 치고 버린다 – 나의 정보 관리법

비록 엘리트 관료처럼 치밀하진 않지만 나도 나름의 원칙이 있는데, 바로 '매일 꾸준히 지속하기'와 '과감히 버리기'이다.

구체적으로 소개하면 다음과 같다.

우선 나는 신문이나 잡지, 인터넷 등에서 재미있는 내용이나 강연에 유용할 만한 정보를 발견하면 양복 안주머니에 넣어둔 종이쪽지를 꺼내 핵심만 바로 적어둔다.

그리고 집에 와서 잠자리에 들기 전 메일을 확인하면서 워드 파일로 다시 작성하는데, 그럴 때는 간결하게 한마디 정도로 입력하는 것이 고작이다. 덧붙이자면, 파일로 만들어 놓은 후에는 손으로 적은 메모를 버린다. 이 같은 작업을 매일 반복하다 보니 생각보다 그다지 번거롭지 않아졌다.

알다시피 PC에는 '검색 기능'이라는 요긴한 기능이 있다. 메모장이나 노트는 필요한 정보를 그때그때 검색하기 어렵지만, PC는 키워드만 검색하면 언제든 찾아낼 수 있다. 유용한 방법이니 꼭 시도해보기 바란다. 가능하다면 메모하지 않고 바로 PC에 입력하는 것이 좋다.

정보 수집과 관리의 포인트는 하루도 빼먹지 않는 꾸준함이다. 해외나 비행기 안에서도 예외는 아니다. 인도 뭄바이에 갔을 당시, 비행기 상공에서 읽었던 잡지에 재미난 기사가 실려 있기에 그 자리에서 메모를 하고 호텔에 도착하자마자 워드로 메모 내용을 작성한 적이 있다. 어떤 행동이라도 일단 습관을 들여놓으면 익숙해지기 마련이다. 익숙해지면 번거롭지 않다.

6 시간은 만들기 나름이다

일반적으로 미국인은 긴 휴가를 즐기며 여유를 만끽하는 국민으로 알려져 있는데, 그런 여유를 즐기기 위해 때로는 점심도 거르고 근무 시간 내내 업무에만 몰두한다는 사실은 잘 알려져 있지 않다.

'회식 빠져나오기' 선수

직장인이 공부를 시작하면 효율적으로 시간을 관리하지 않는 한 좀처럼 지속해나가기 힘들다. 헛되이 보낼 시간이 없으므로 사회인 특유의 '사교 활동'도 어느 정도 자제해야 한다. 아니, 오히려 과감하게 거절하는 자세가 필요하다.

어느 정도 연배가 되면, 지금의 인간관계를 유지하는 것도 벅차다(서로 같은 뜻을 공유하는 동료들이라면 각자 사정을 이해해 줄 아량이 있으리라). 함께 보내는 순간은 즐겁지만 끝나고 난 후 허탈해지는 모임이라면 아무리 인맥을 넓혀봤자 별로 도움이 안 된다.

사실, 오래간만에 만나는 약속을 거절하기엔 큰 용기가 필요한 법이다. 그러므로 항상 바쁘게 생활하는 모습을 보여줘라. 업무는 근무 시간 안에 집중해서 끝마치고 퇴근 시간이 되면 곧바로 귀가하는 것이다. 평소에 이런 모습을 보여주면 주변 사람이 파고들 '틈새'가 없으므로 불필요한 회식에 참석할 기회가 줄어든다.

하지만 직장인이 지나치게 동료들과 교류가 없어도 '별종'이나 '왕따'라는 딱지가 붙기 쉽다. 굳이 부정적인 이미지로 낙인찍힐 필요는 없으므로 얼굴을 내밀 장소에는 참석하는 편이 좋다. 공부에 지장을 주지 않을 만큼만 시간을 할애하면 된다.

자랑은 아니지만, 젊은 시절 나는 '회식 빠져나오기' 선수였다. 그 요령을 소개하자면 다음과 같다.

의외라고 생각하겠지만, 나는 회식 자리가 있으면 처음부터 참석한다. 지각하면 그만큼 자리를 뜨기가 곤란해지기 때문이다.

2차로 노래방에 간다면 처음부터 두 곡 정도 불러서 일찌감치 존재감을 확인시킨다.

그리고 언제든 빠져나오기 쉽도록 가벼운 옷차림으로 참석한다. 나는 아무리 추운 겨울이라도 두꺼운 코트는 입지 않고 서류나 짐도 휴대하지 않는다. 큰 짐에 코트까지 걸치면 빠져나갈 때 다른 이들의 눈에 띄기 쉽다.

마지막으로 출구에서 가장 가까운 자리에 앉는다. 겸손해 보이면서도 자리를 뜨기 쉽다는 장점이 있다.

위에서 설명한 내용은 원래 일본은행의 경제학자였던 요시노 도시히코가 고안해 낸 방법이다. 이분은 자택에 서재를 두고 독학으로 모리 오가이(19세기 후반 일본의 소설가·평론가. 독일 유학 중 서구 문학의 소양을 쌓아 귀국 후 일본 문학의 근대화에 기여했다—옮긴이)를 연구할 만큼 공부에 능통한 인물이었는데, 그 지적 생활을 가능케 한 것이 다름 아닌 '회식 빠져나오기' 기술이었다.

현지에 가서 사람을 만나라

정보화 시대를 살아나가는 데 있어서 인터넷이나 매스컴을 통한 정보 수집도 중요하지만 가장 중요한 정보원은 역시 사람이다. 그러므로 사람을 만나 이야기를 듣는 일을 번거롭게 여겨서는 안 된다.

사람에게 직접 듣는 1차 정보는 생생한 현장감을 주므로 인상에 오래 남는다.

무엇보다 화제의 현지에 직접 가보라. 요즘 한창 급성장하는 인도나 중국이면 더더욱 좋다. 유가 상승으로 세계의 이목을 끄는 두바이도 괜찮다.

설령 관광이 목적이라 해도 피부에 와 닿는 현지의 생생한 분위기를 직접 경험하는 것만으로 분명히 얻는 점이 있으리라.

단, 이동 중에 그저 잠을 자거나 멍하니 있지 말고 비행기 안에서 미리 책이나 관련 자료를 읽어보며 무엇을 보고 들을지 계획해보자. 이렇게 '예습'을 했을 때와 안 했을 때 얻고 돌아오는 정보량은 천지 차이다.

그리고 당부하건대 여행지에서는 가능한 한 그 나라의 '실상'을 체험하고 오기 바란다. 뉴욕에 간다면 5번가에서 쇼핑하는 것도 좋지만, 슈퍼마켓이나 교회처럼 현지인만이 방문할 만한 장소에 가보라. 창피해하지 말고 당당하게 현지인에게 말도 걸어보자.

카페의 종업원이나 택시 운전수, 현지 가이드, 누구라도 상관없다. "요즘 경기는 어떤가요?", "이게 일반적인 수준인가요?"라고 물어보는 것만으로도 그 나라의 실상을 엿볼 수 있다.

특히 그 나라의 일반적인 주택에 가보기를 권한다. 현지 사람들이 어느 가격대의 얼마만 한 수준의 집에 거주하는지 알면 실물 경제 상황이 단번에 파악된다.

참고로 나는 처음 베트남에 갔을 당시 평범한 가정집에 가보고 싶다고 요청했다. 그러자 현지 가이드가 우체국 직원 집에 데려다주었는데, 거기서 저녁 식사를 얻어먹으면서 우체국 직원에게 여러 가지 질문을 했다. 주인은 우체국 급료만으로는 생활비가 턱없이 부족해서 밤에는 페덱스(FEDEX, 세계적인 우편, 화물 배송 회사—옮긴이)에서 아르바이트를 하고, 부부의 고민은 '아이들 교육'이며, 아내의 최근 관심사는 '다이어트'라고 대답했다. 그야말로 '리얼'하지 않은가? 이런 소소한 일상에 현 베트남 사회를 분석할 힌트가 들어 있다.

실제로 접해본 '현지의 생활상' 이야말로 중요한 정보원이다.

잔업을 할 만큼 한가하지 않다

미국은 전차 안에서 자는 사람이 별로 없다(누군가가 짐을 훔쳐갈 위험이 크기 때문이라는데……).

워싱턴이나 뉴욕을 잇는 앰트렉(Amtrak, 전미 철도 여객 수송 공사—옮긴이) 등은 꽤 오래전부터 컴퓨터 접속용 콘센트를 도입해서 많은 직장인이 이를 이용해 업무를 본다.

그리고 일반적으로 미국인은 긴 휴가를 즐기며 여유를 만끽하는 국민으로 알려져 있는데, 그런 여유를 즐기기 위해 때로는 점심도 거르고 근무 시간 내내 업무에만 몰두한다는 사실은 잘 알려져 있지 않다. 그들은 긴 휴가를 위해 업무 생산성을 최대한 높이고 있는 것이다.

그들은 결코 잔업을 할 만큼 한가하지 않다. 이것이 바로 요즘 유행하는 워크·라이프 밸런스(work-life balance, 일과 삶의 조화롭게 균형을 추구하는 가치관—옮긴이)라는 것이다.

워크·라이프 밸런스는 복리후생의 일환으로 주로 여성 사원이 가정과 일을 병행하도록 지원하는 제도로 여겨지는 경우가 많다. 그러나 본래 목적은 가정과 일을 양립하여 정신적 안정을 꾀하고 잔업을 최소화하여 귀가 후 공부에 시간을 할애함으로써 인재 수준과 업무 생산성을 증대하는 데 있다.

바보는 아무리 모여도 바보다

유능한 동료, 즉 자신의 지적 호기심을 자극하는 이들과 적극적으로 어울려서 업무나 공부의 촉매제로 삼아야 한다는 것이 내 지론이다.

사람도 책도 좋은 것만 고른다

'세 사람이 모이면 문수보살의 지혜가 나온다.'는 속담이 있다. 하지만 만일 세 사람이 모두 무능하다면? 문수보살의 지혜가 나올 리가 만무하다.

일본개발은행 설비 투자 연구소 부소장을 지낸 사누키 토시오 선배는 "바보는 아무리 모여도 바보다."라고 말했다. 실로 명언이 아닐 수 없다. 당시는 1970년대 중반, 일본에서 '벤처'라는 단어가 한참 유행하던 시절이었다. 또 그는 어느 심포지엄에서 이렇게 말했다.

"대기업은 평균치 무리가 모인 곳이다. 단 한 명이라도 유능한 인재가 있으면 훌륭한 기업으로 성장할 수 있다."

옆에서 듣던 나는 '과연!' 하며 무릎을 쳤다. 사누키 선배가 지적한 대로, 의미 없이 무리지어 몰려다니는 것만큼 지적 생활을 방해하는

'적'은 없다. 그럼에도 많은 직장인은 매일 밤 정해진 멤버끼리 우르르 몰려다니며 친목 도모랍시고 푸념이나 수다로 이야기꽃을 피운다. 화기애애한 분위기에 회식을 마치면 대단히 유익한 시간을 보낸 듯한 착각에 빠진다.

내가 속한 부서에서도 회사 멤버끼리 같은 바에서 술자리를 갖는 게 퇴근 후 정해진 일과였다. 그래서 '회식 빠져나오기 기술'은 어떻게든 배워야 하는 과제였다.

오해하지는 말기 바란다. 나는 결코 사람들과의 교제 따위가 어떻게 되든 상관없다고 말하는 것이 아니다. 다만 유능한 동료, 즉 자신의 지적 호기심을 자극하는 이들과 적극적으로 어울려서 업무나 공부의 촉매제로 삼아야 한다는 것이 내 지론이다. 단, 좋은 상대를 선택하라는 것이다. 우리의 시간은 모든 사람과 두루 사귈 만큼 무한하지 않다.

이는 단지 대인 관계에만 국한된 이야기가 아니다. 책이든 강연이든 취사선택이 필요하다.

그렇다면 어떻게 해야 옥석을 가려낼 수 있을까? 이는 확률론에 따르므로 어느 정도 다양한 경험을 거쳐야 한다. 하지만 책을 선택하는 것에 관해서는 약간의 노하우가 있다. 우선 '이 사람의 가치관은 신용할 만하다.'라고 생각하는 저자를 발견하거나 '이 잡지의 이 칼럼만은 반드시 읽어봄직하다.'와 같은 자신만의 기준을 찾아보라.

일단 기준이 생기고 나면 무슨 책을 읽어야 할지 고민할 필요가 없다. 마음에 드는 저자가 추천하는 책이나 잡지의 칼럼에서 인용된 책을 읽으면 실패할 확률이 적다.

위기가 닥쳤을 때 진정한 친구가 보인다

여기서 친구란, 같은 뜻을 공유하고 지적 호기심을 서로 자극하며 함께 성장해나가는 존재를 말한다. 서로 발목을 잡거나 푸념을 늘어놓으며 서로의 허물을 들쑤시는 것은 진정한 친구가 아니다.

금융 담당 장관으로 임명된 후 단호하게 개혁을 추진할 당시, 많은 동료와 선배가 나에게 냉정하게 등을 돌렸다. 그러나 한 명만은 예외였다. 실명은 거론할 수 없지만 그는 내가 장관에 취임한 직후 "이제부터 여러 우여곡절이 있겠지만, 어떤 일이 있어도 스스로 믿는 일을 해라. 나는 무슨 일이 있어도 너를 응원할 것이다."라고 정성스럽게 편지를 보냈다. 그 편지를 읽으면서 나도 모르게 눈시울이 뜨거워졌다. 재임 기간 내내 그 편지를 책상에 두고 틈날 때마다 몇 번이고 읽었다.

사람은 위기가 닥쳤을 때 비로소 진정한 친구가 보인다는 사실을 그때 깨달았다. 친구가 많다고 무조건 좋은 것이 아니라는 것도 함께.

8 자신에게 과감히 투자하라

나만의 Style로 공부하라

미국에는 지극히 수수하고 검소하게 생활하는 부유층이 정말 많다. 그런 그들도 점찍어 놓은 미술품이나 장래성 있는 비즈니스에는 눈이 휘둥그레질 만큼 거액을 투자한다.

값비싼 워크맨을 망설임 없이 구입한 대선배

앞서 언급한 사누키 선배는 참으로 나에게 많은 교훈을 안겨주었다. 그중의 하나가 바로 '자신을 위해서' 돈을 쓰는 자세였다.

이미 30년도 지난 1970년대 무렵의 일이다. 어느 날 그는 나에게 새로 나온 워크맨을 산다며 함께 아키하바라에 가자고 권했다.

그 당시 워크맨은 족히 5만 엔을 호가하는 값비싼 물건이었다. 더군다나 그는 워크맨을 사용하는 소비층에서 한참 벗어난 50대. 그럼에도 '공부에 도움이 된다면 일단 사고 본다.'는 것이다. 그 순간 나는 그가 범상치 않은 인물임을 직감했다. 젊은이들이나 쓰는 신제품에는 관심도 없을 나이에 여전히 왕성한 지적 호기심을 보이며 투자를 아끼지 않는 자세는 실로 존경스러웠다.

사실, 그는 은행에서 그다지 눈에 띄지 않는 존재였다. 그런데 훗날 하버드 대학에서 베스트셀러 《일등 국가 일본(Japan as No.1)》의 저자이며 유명한 사회학자인 에즈라 보겔(Ezra Vogel)을 만났을 때 내게 던진 그의 첫마디는 놀랍게도 "사누키 씨는 잘 있나요?"였다. 알고 보니 사누키 선배는 하버드 대학에서 상당히 알려진 인물이었다.

과연, 범인(凡人)은 공부에 대한 그의 열의와 능력을 알아차리지 못해도 진정한 고수에게는 확연하게 눈에 띄었나 보다.

돈을 쓰는 방식에서 '품격'이 드러난다

투자와 소비는 다르다. 사누키 선배가 출중했던 점은 소비를 위한 지출이 아니라 '새로운 것을 배우기 위한 투자'를 위해 돈을 썼다는 데 있다.

그와 비교하면 나는 어릴 적부터 빈곤한 환경에서 자라난 탓인지 물건에 대한 욕심이 거의 없다. 옷차림은 남에게 불쾌감을 주지 않을 만큼만 신경 쓰고, 넥타이는 남에게 얻은 것이 전부였다. 양복은 소모품이라는 생각에 질보단 양을 중시해 마트에서 구입하는 일도 예삿일이었다. 심지어는 선거 중에 마트에 황급히 들어가 서둘러 새 양복을 구입해 갈아입은 적도 있다.

식사도 마찬가지다. 미식가와는 거리가 멀어서 음식은 뭐든지 맛있게 먹자는 주의다. 술은 체질적으로 안 맞고, 좋아하는 것은 팥빵. 참으로 소박하기 이를 데 없는 입맛이다.

결정타를 가하자면, 내 차는 산 지 11년 된 닛산 사니(일본 닛산 자동차에서 1960년대부터 2004년도까지 판매했던 소형 자동차―옮긴이)다. 내가 사는 맨션의 주차장에는 BMW나 벤츠 시리즈가 가득 들어차 있어서 마치 외제차 전시장에라도 온 것 같은 느낌이지만, 그 가운데 오히려 내 '애마'가 더 시선을 끌기도 한다.

나는 도무지 물건에 집착이 없다. 그렇다고 물욕에 대한 무슨 거창한 굳은 신념이 있는 것도 아니다. 물론 신경 써서 자신을 가꾸고 음식이나 술 상표에 분명한 취향을 정한다는 것은 멋진 일이다. 다만, 사는 행위 자체에 쾌감을 느끼는 무의미한 소비에는 전혀 관심이 없다. 차라리 그 돈을 저축해서 미래를 위해 투자한다. 혹은 (여유가 있다면) 문화생활이나 여행 등에 사용한다. 이러한 소비야말로 진정 미래를 위한 투자라고 생각한다.

항상 찢어진 청바지에 샌들 차림으로 다니는 하버드 대학 교수, 자기 집 벽은 스스로 페인트칠하는 중견기업 CEO 등 미국에는 지극히 수수하고 검소하게 생활하는 부유층이 정말 많다.

그런 그들도 점찍어 놓은 미술품이나 장래성 있는 비즈니스에는 눈이 휘둥그레질 만큼 거액을 투자한다. 이른바 '패트로니지(patronage, 예술, 문화, 과학에 대한 지원과 육성―옮긴이)' 식 발상이다. 문화와 예술은 후원자가 없으면 발전하기 어렵다. 벤처 사업도 마찬가지다. 미국의 부유층은 일상생활에서는 근검절약하면서도 자신의 관심 분야에는 후원을 아끼지 않으며 문화와 산업을 지원한다. 이것이야말로 진정 멋지게 돈을 쓰는 방법이 아닐까?

쓸데없이 돈을 낭비하지 말고 젊었을 때 자신에게 투자하자. 그러다 나이 들어 경제적 여유가 생기면 다른 이에게도 투자해보자. 이러한 사람들이 늘어날수록 그 나라의 미래는 더욱 밝아지리라. 기껏 옷 몇 벌 더 입겠다고 사치를 일삼으면 자신의 품격만 떨어질 뿐이다.

해외 유학은 '사비(社費)'보다 '자비(自費)'로 가라

여러분 가운데 해외 유학을 생각하고 있는 직장인도 많으리라 생각한다. 경제가 호황기를 맞이하던 버블 시대는 관공서나 대기업에서 '회사 경비'로 젊은 인재를 유학 보내주는 좋은 시절이었지만 지금은 인원을 줄이거나 아예 유학 자체를 폐지하는 기업이 늘어나는 추세다.

유학을 노리던 이들에게는 낙심 천만이겠지만 나는 반대로 좋은 현상이라고 본다. 자신이 애써서 번 돈이 아닌 회사 돈으로 유학비를 충당하면 그저 펑펑 놀다가 귀국하는 이가 태반이다. 내가 미국에 갔을 당시에도 "되돌아가면 또 사정없이 부려 먹을 테니 즐길 때 확실히 즐겨야 한다."라며 뉴욕에서 값비싼 뮤지컬만 골라서 보러 다니는 사비 유학생을 많이 봤다.

생활비를 포함해 계산하면 MBA 같은 대학원에 유학하려면 연간 약 1,000만 엔이 든다. 이러한 거액의 유학비용을 부모님이나 친척의 도움을 받거나 스스로 벌어서 온 사람은 각오부터 남다르다.

　미국 유학 시절에 자비로 유학을 온 규슈 출신의 보스턴 대학 학생을 우연히 알게 되었다. 야망이 넘치고 학구열에 불타던 그는 보스턴 대학으로는 성에 차지 않아 어떻게든 하버드 대학에 진학하고자 열성이었다. 심지어 "하버드 대학 학장 차에 치이면 하버드 대학에 넣어줄지도 모른다."라는 농담을 할 정도였다. 결국 그는 하버드 대학에 입성했다.

　스스로 유학비용을 마련한 근성 있는 사람은 회사가 비용을 대주는 자보다 훨씬 많은 지식과 경험을 얻고 온다. 참고로 규슈 출신의 그 유학생은 현재 현(縣) 의회 의원이 되어 자기 고향의 발전을 위해 고군분투하고 있다.

9 건강해야 공부도 잘한다

나만의 Style로 공부하라

정신을 집중하는 작업, 이른바 공부나 원고 집필과 같은 업무는 들뜬 정신 상태에서는 도무지 불가능하다. 따라서 묵묵히 작업에 몰두할 수 있도록 생활 리듬을 조정해야 한다.

철야는 지적 생활의 장애물

와타나베 쇼이치의 《지적 생활의 방법》이라는 책에는 유익한 내용이 가득 담겨 있는데, 그중에서도 "사람은 쾌적한 상태가 아니면 공부도 못한다."라는 대목이 특히 인상적이다.

공부는 하나의 목표를 향해 온 신경을 집중하는 행위다. 이를 위해서는 집중이 가능한 환경을 조성해야 한다. 예를 들어 작열하는 태양 아래서 집중할 수 있는 사람은 많지 않다.

에어컨을 켜놓거나 편한 의자를 놓는 등 공부에 집중할 만한 공간을 만드는 것이 중요하지만 일차적 조건은 건강 관리다.

수면 부족이나 이틀 연속으로 밤을 새워 머리가 멍해진 상태로는 공부하기가 어렵다.

따라서 지적 생활을 위해서는 우선 건강해야 한다.

그런데 건강을 유지하기 위해 중요한 요소가 바로 수면이다. 단언컨대, 철야나 수면 부족은 지적 생활을 방해하는 최대의 적이다.

수면 시간 2~3시간으로도 거뜬한 기업 CEO들이나 정치가들은 논외로 치자. 그들이 사용하는 업무 에너지와 공부에 집중하는 에너지는 방향이 전혀 다르기 때문이다.

정치가와 학자라는 직업을 모두 경험해보고 깨달은 사실인데, 정치가처럼 바쁘게 움직이며 30분 간격으로 사람들을 만나는 업무, 즉 온종일 열성적으로 에너지를 방출하는 일이라면 다소 수면이 부족하다 해도 큰 무리는 없다. 아니, 어쩌면 수면 부족 덕택에 약간의 흥분 상태가 지속되는지도 모른다.

그와 달리 정신을 집중하는 작업, 이른바 공부나 원고 집필과 같은 업무는 들뜬 정신 상태에서는 도무지 불가능하다. 따라서 묵묵히 작업에 몰두할 수 있도록 생활 리듬을 조정해야 한다.

당연한 결과지만, 일정한 수면 시간을 확보하는 것이 필수다. 나이가 들면 들수록 확실히 이 점을 실감하게 된다.

50세를 넘기면서 깨달은 사실인데, 인간은 시력이 나빠지면 확실히 공부(업무) 효율성이 낮아진다. 원래 나는 시력이 꽤 좋은 편이었는데 50세를 넘기면서 급속히 원시가 찾아와 이제는 항시 돋보기안경을 휴대하고 다녀야 하는 형편이다.

업무 내용에 따라 '아침형'과 '저녁형'이 나뉜다

업무나 공부의 환경 조성을 위해 우선적으로 할 일은 자신이 '아침형'인지 '저녁형'인지를 판단하는 것이다.

내가 보기에 한 가지 일을 꾸준히 창작하는 작업(예컨대 원고나 논문 집필 등)은 저녁이 적합하다. 낮에는 아무래도 사람을 만나는 용무나 전화가 잦아서 심도 있는 사고가 중간 중간 끊기기 일쑤다. 저녁때가 되면 몸은 피곤해도 예상 외로 두뇌가 맑아지므로, 오전부터 무의식중에 맴돌던 생각을 차근차근 정리하는 데 효과적이다. 따라서 창작 작업은 저녁 시간이 제격이다.

반대로, 사소하고 일상적인 작업은 아침이 적합하다. 저녁때는 창조성은 향상되나 피로가 쌓이므로 전체적인 생산성이 떨어진다. 따라서 나는 비교적 짧은 시간에 처리해야 하는 일상적인 서류 작업은 아침에 집중해서 정리하는 편이다.

직장인이라면 업무의 책임 범위와 인간관계가 넓어지면서 그만큼 개인 시간이 줄어들기 마련이다. 그렇다면 적은 시간을 얼마나 효율적으로 사용할지를 고민해야 한다. 때로는 과제를 원점에서 다시 검토해 보는 자세도 필요하다. 이를 위해 일정 시간대는 완전히 비워두는 방법을 추천한다.

자신만의 '지적 공간'을 만들자

쾌적한 환경에서 효율적으로 업무를 보거나 공부를 하려면, 서재 같은 개인적인 '지적 공간'을 갖는 게 효과적이다.

맨해튼의 숨겨진 명소 중 하나로 '모건 라이브러리 앤 뮤지엄'이라는 미술관이 있다. 일본에서도 80년 이상 전통을 자랑하는 JP 모건 그룹을 창립한 금융가 J. P. 모건(J. P. Morgan)이 평생 수집한 악기와 미술품 등을 전시해놓은 곳이다(참고로, 여기 홍차의 맛은 그야말로 일품이다). 이곳의 매력은 수준 높은 전시품만이 아니라 J. P. 모건의 개인 서재를 옛 모습 그대로 감상할 수 있다는 점이다.

여기에 발을 들여놓는 순간 보는 이를 압도하는 엄청난 규모와 세련된 감각에 감탄사가 절로 나온다. 처음 이 서재를 구경했을 때, '아, 이런 환경이라면 그만큼 거대한 규모의 사업들을 구상할 만하다.'라고 납득했던 기억이 난다. 역시 업무 환경이 좋아야 고도의 지적 사고도 가능하다.

하지만 일본처럼 좁은 땅에서 살아가는 이들이 모두 J. P. 모건을 따라하는 것은 불가능하다. 그만큼은 아니더라도 각자 나름의 '지적 공간'을 마련하면 된다.

참고로, 앞에서 소개했던 와타나베 쇼이치는 학창 시절에 도서관 심야 경비 아르바이트를 해서 조용한 공부 시간을 확보했다고 한다. 여기서 한 가지 힌트를 얻을 수 있다. 최근에는 스포츠 센터 회원권 정도의 가격으로 시내에 있는 개인 사무실이나 사설 도서관을 개방하는 곳이 생겨나고 있으니 이런 서비스를 활용하거나 집 근처 도서관 또는 커피숍, 서점 내 찻집 등을 이용해보면 어떨까?

책도 자료도 과감히 버려라

예산이 허용하는 범위에서 자택에 자신만의 서재를 마련하는 것은 상당히 매력적인 일이다. 나도 25번이나 이사를 한 후에야 비로소 지금의 서재를 가지게 되었는데, 도심부에 있는 맨션이라 협소한 공간은 어쩔 수가 없다. 즉, 기하급수적으로 늘어만 가는 책이나 자료를 놓아둘 만큼의 여유 공간이 없다.

사실, 평생 가지고 있어도 다시 한 번 직접 손으로 뽑아서 읽는 책은 소수에 불과하다. 게다가 경제나 경영 관련 서적은 현실적으로 '유통기한'이 있다. 그래서 나는 애독하는 책 말고는 과감히 버리는 철칙을 세웠다.

그렇다면 소장 가치가 있는지 없는지를 선별해야 하는데, 그 포인트는 '언제라도 다시 구입할 수 있는가.' 가 기준이다.

일례로 자주 가는 도서관에 소장돼 있는 책은 일단 내 서재에서 처분해도 필요하면 언제든 다시 볼 수 있다. 다소 극단적으로 말해서, 절판되지 않은 책은 과감하게 버린다.

뒤집어 말하면, 국내에 출간되지 않은 책이나 절판된 책이라면 반드시 보관한다는 뜻이기도 하다.

책(CD 및 DVD도 마찬가지)의 수납 방법에 대해 말하자면, 꼼꼼한 책벌레들이 많이 쓰는 가나다라 순 나열 방법처럼 지나치게 세세하고 치밀한 책 정리는 그다지 추천하고 싶지 않다. 책 분량이 늘어날 때마다 다시 배치하는 것도 번거로울 뿐더러 저자 순이었는지, 제목 순이었는지도 종종 헷갈려서 찾는 데만 꽤 긴 시간을 낭비하기 십상이다.

책 찾는 시간을 돈으로 환산해보면 오히려 책을 다시 사는 것이 더 이득일 때도 있다.

자신이 곧바로 찾을 수 있는 책이나 자료의 범위를 넘어버린다면 과감히 버리는 것도 결과적으로 유용한 방법이다.

다케나카식 암기 공부 5대 비법

> ## ◎ 다케나카식 암기 공부 5대 비법
>
> 1. 암기와 기초를 반복하라
> 2. 일찍 시작하라
> 3. 자격시험을 활용하라
> 4. 공부하기 쉬운 나라
> 5. 스스로 노트에 정리하라

제1장에서 공부에는 여러 종류가 있으며, 지식을 입력하는 '학업'만이 공부의 전부가 아니라고 설명했다. 하지만 그렇다고 '학업'을 소홀히 해도 된다는 뜻은 결코 아니다. 부기나 회계 지식이 없으면 사업을 하지 못하고, 영어를 모르면 글로벌 비즈니스가 불가능하다. '학업'도 분명히 중요한 공부이다.

그래도 솔직히 '학업'이 재미없는 공부라는 것은 사실이다. 그래서 '의무 교육'에서부터 좌절하는 학생들이 생긴다. 그러나 '학업'에도 요령이 있다. 이것만 터득한다면 자신은 공부 체질이 아니라며 절망할 필요는 없다. 이번 장에서는 '학업'의 요령에 대해 살펴보도록 하자.

1 질릴 때까지 암기와 기초를 반복하라

나만의 Style로 공부하라

단지 풀어보기만 하는 게 아니라 문제만 보아도 바로 정답이 나올 만큼 '이 문제는 이제 보기만 해도 질린다.'라고 느낄 만큼 같은 문제집을 끊임없이 반복하여 완전히 마스터하라.

수학도 암기 과목이다

우선적으로 당부하고 싶은 건 '학업', 즉 자격시험이나 수험 공부란 결국 기억력을 테스트하는 승부라는 사실이다.

암기 과목이라고 일컫는 역사나 지리 등 사회 과목은 말할 나위도 없거니와 '논리의 학문'이라는 수학에서조차 몇 가지 공식을 머릿속에 입력해두면 대부분 문제가 이들 공식의 응용 범위 안에서 해결된다. 수험 공부는 인간의 기억력으로 얼마든지 해결할 수 있다.

따라서 기억력에 자신만 있다면 수험 공부는 결코 어려운 과제가 아니다. 그러나 거꾸로 말하면, 기억력에 영 자신 없는 사람에게는 고통스러운 과정임이 분명하다.

그렇다고 인간의 능력이 모두 기억력에 좌우되는 것은 아니다. 기억력에 소질이 없다고 해서 자신을 비하할 필요는 없다.

참고서가 아닌 문제집을 암기하라

여러 차례 강조하지만, '학업'은 결국 기초가 전부이다. 수험 공부는 결국 기억력의 집대성이므로 기초를 반복해서 외우는 수밖에 없다. 그런데 인간의 기억은 그렇게 간단하게 보존되지 않는다. 누구보다 일찍 공부를 시작하고 암기해도 곧바로 잊어버리는 것이 인간이다.

머릿속에 달달 외워도 입시 당일 지나치게 긴장한 나머지 질문 유형이 살짝 바뀌면 암기한 내용이 기억나지 않는 경우가 흔하다.

해결책은 무엇일까? 한번 풀어본 문제집을 몇 번이고 반복해서 공부하는 것이다. 단지 풀어보기만 하는 게 아니라 문제만 보아도 바로 정답이 나올 만큼 '이 문제는 이제 보기만 해도 질린다.'라고 느낄 만큼 같은 문제집을 끊임없이 반복하여 완전히 마스터하라.

보통 교과서나 참고서를 통째로 암기하는 경우가 많은데 '질문지' 형식이 아니므로 설령 외웠다고 해도 실제로는 기억나지 않는 부분도 있다. 하지만 문제집을 암기하면 '이 질문에 대한 답은 이거다.'라는 일종의 반사 신경이 작동해 술술 답이 나온다.

비논리적이라고 할 독자가 있을지 모르겠다. 하지만 모든 수험 공부는 '기억력 승부'라는 것, 이 점을 잊지 말기 바란다.

2 타인보다 먼저 시작한 사람이 승자

나만의 Style로
공부하라

학업은 일찍 시작해야 스트레스도 덜 받는다.
미국의 수재들도 라이벌보다 조금이라도 빨리 시작하려고 애를 쓴다.

출발점에서 격차를 벌린다

중학교 때 고등학교 공부를 끝낸다.

거듭 말하지만, 모든 수험 공부는 기억해야 할 분량이 방대하다. 어떤 천재라도 한 달 남짓한 기간에 모든 분량을 기억할 수는 없다. 설령 통째로 암기했다고 하더라도 얼마 안 가 잊어버리기 일쑤다.

결국 시간을 들여 몇 번이고 꾸준히 되풀이하는 방법밖에는 없다. 그러려면 누구보다 일찍 시작해야 한다. 공부는 남보다 빨리 시작할수록 유리하다.

자랑으로 들리겠지만, 나는 학창 시절부터 철저한 예습을 원칙으로 삼았다. 영어나 수학은 중학교 3학년 때 이미 고등학교 3학년까지의 진도를 끝마쳤다.

특히 영어는 중학교 졸업 직후 고등학교 입학 전까지 방학 기간에 참고서 두 권 분량을 통째로 암기해버렸다. 덕분에 고교 시절에 모르는 영어 단어 때문에 당황한 경험은 거의 없었다.

고등학교 공부의 기본은 오로지 '반복'이었으므로 별다른 어려움이 없었다. 조급하게 무엇을 암기하고자 압박감을 느낀 기억도 없다.

학업은 일찍 시작해야 스트레스도 덜 받는다.

미국의 수재도 라이벌보다 조금이라도 빨리 시작하려고 애를 쓴다.

일주일은 왜 일요일부터 시작할까?

일주일이 왜 일요일부터 시작할까? 하버드 대학에 다닐 때 비로소 그 의미를 뼈저리게 실감했다.

엄청난 수업료에 준하는 지식을 얻기 위해 그야말로 24시간 필사적으로 공부하는 하버드 대학 공부벌레들도 금요일 수업이 끝나면 한껏 들떠서 해방감을 만끽한다.

그러나 파티 기분도 길어야 토요일까지다. 일요일이 되면 언제 그랬냐는 듯 다음 일주일치 학습을 예습하기 시작한다. 일요일이 되면 학생들의 눈빛부터 변한다. 일요일 저녁 무렵에는 도서관 주차장이 만원이라 빈자리를 찾느라 고생할 정도다.

공부하는 자에게 일요일은 그야말로 일주일의 시작인 셈이다.

3 알짜배기 공부법, 자격시험

나만의 Style로 공부하라

일단 자격증을 따놓으면 '나는 기본 능력이 있다.'라는 자신감이 배어 나온다.
이러한 안도감은 자격증을 취득한 사람만이 누리는 특권이다.

알차게 구성된 세무사 시험

기술력 향상을 위해 자격시험만큼 효과적인 공부 수단은 없다. 나는 젊은 시절부터 부기나 세무사 시험 등 각종 자격시험에 적극적으로 도전해왔다. 그 결과 자격시험이 실로 알차게 구성되어 있다는 사실을 깨닫게 되었다. 자격시험은 오랜 역사와 노하우가 축적돼 있어서 제대로 공부만 한다면 반드시 '천장'에 도달할 수 있다.

세무사 시험을 예로 들어보자. 이 시험은 필수 과목으로 분류되는 부기·회계·법인세법 등의 과목을 하나씩 공부해나가다 보면 재무 지식의 기초가 튼튼히 갖춰지도록 설계되어 있다. 게다가 자격증 시험은 공신력 있는 기관에서 주관하는 시험이므로 그만큼 수준이 높다. 설령 시험에 합격하지 못하더라도 교재를 한 번 마스터하는 것만으로도 충분히 도움이 된다.

그래도 이왕이면 시험에 합격하도록 노력하자. 지금처럼 무한경쟁 시대에 직장인이라면 누구나 끊임없이 능력을 계발해야 한다. 정신적 부담은 있겠지만 일단 자격증을 따놓으면 '나는 기본 능력이 있다.' 라는 자신감이 배어 나온다. 이러한 안도감은 자격증을 취득한 사람만이 누리는 특권이다.

자격증은 위기가 닥쳤을 때 효력을 발휘한다. 근무처가 통폐합되거나 인력을 조정하는 위기 상황에서 실력을 손쉽게 증명할 수 있는 수단이기 때문이다.

토익과 토플의 두 가지 효과

토익이나 토플 같은 영어 자격증도 노하우가 축적된 완성도 높은 시험이다. 외국계 기업의 입사나 MBA 입학 조건에는 '토익 800점 이상'이라고 명시되어 있는 곳이 대부분이다. 이러한 회사를 지망한다면 토익·토플 고득점이야말로 필수 조건이다.

그동안에는 영어 검증시험이 곧 영어 자격증으로 유명했지만 점차 그 영향력이 토익·토플보다 떨어지고 있다. 토익·토플은 그동안의 전통이 있는데다 내용이 고도로 체계화되어 있어 단지 영어 공부를 위한 교재로 사용해도 소기의 목적을 충분히 달성할 수 있다.

영어 자격증은 '영어 능력을 알기 쉽게 증명한다.', '영어 실력을 향상시킨다.' 라는 두 가지 의미에서 더없이 효과적이다.

영어의 필요성은 앞으로 더욱 높아질 전망이므로, 영어 공포증을 가진 독자가 있다면 큰맘 먹고 과감히 도전해보기 바란다.

영어 회화 학원에 다니는 것만으로는 실력이 좀처럼 늘지 않는 경우도 있다. 학원을 다닌다는 행동 자체에 만족해버리는 탓이다. 자신의 영어 능력을 측정하는 기회로 각종 자격시험을 활용하는 것이야말로 능력 향상의 지름길이다.

4 공부하기 쉬운 나라

현재 기업이 비중을 두는 것은 '어느 대학교를 나왔는가?' 라는 간판에 불과하다. 그 사람이 대학에서 어떤 교육을 받았으며 어떤 활동을 했는지에 대해서는 전혀 관심이 없다.

기업의 글로벌화 · 다양화가 가져온 것

최근에는 인수 합병이 일반화되어 기업계 재편성이 빈번하다. 해외 기업이 일본 기업을 매입하거나 다른 업종의 부서끼리 통합되는 사례도 드물지 않다.

이 같은 현상은 기업의 글로벌화 현상에 따라 앞으로 더욱 가시화될 것으로 보인다. 더욱이 저출산과 고령화, 인구 감소 현상이 급속히 진행됨에 따라 국내 시장만으로는 한계가 있다. 따라서 신흥 경제 국가를 중심으로 대외 진출을 적극적으로 추진해나가리라 예상된다.

결국 기업의 글로벌화는 더욱 강화될 것이다. 그렇다면 기업에 소속된 인재들은 어떤 준비를 해야 할까? 분명한 점은 강력한 '학력 사회'가 도래할 것이라는 사실이다.

글로벌 기업은 성별, 연령, 인종 등으로 사람을 차별하지 않는다. 능력만 있다면 다양한 인재를 수용하여 기술 혁신을 지향한다.

하지만 아무래도 서로 다른 문화 환경을 경험한 사람들이 혼합되면 의사소통에 어려움을 겪기 마련이다. 예컨대 일본인은 상대의 표정을 보고 감정 상태를 판단하지만 이는 어디까지나 일본인들 사이에서나 가능한 이야기다. 인종이 다르면 감정 표현도 달라지므로 '표정을 읽어내는 것'은 효과를 발휘하지 못한다.

앞으로 인재의 능력을 측정하는 기준은 무엇일까? 가장 확실한 것은 학력이다. 생각해보라. 만일 당신 회사에 외국인이 갑자기 들어와서 "취직하고 싶다."라고 말한다면 당신은 그의 무엇을 볼 것인가? 당연히 학력이나 자격증 같은 공인된 능력을 따져보지 않을까?

인종의 전시장이라 불리는 미국이 오래전부터 학력 사회인 까닭이 여기에 있다. 글로벌화가 진행됨에 따라 균질적인 사회에서 점차 이질적인 사회로 전환해갈 것이다. 그리고 이에 부응하여 학력이나 자격증 같은 직함이 중시되는 '직함 사회'가 도래하리라는 것은 필연적인 사실이다.

OJT와 종신고용·연공서열

'이미 오래전부터 학력 사회였지 않았느냐?'라고 말하는 이들이 있으리라. 물론 입사 단계에서 학력을 중시하고 있다. 그러나 현재 기업이 비중을 두는 것은 '어느 대학교를 나왔는가?'라는 간판에 불과하다. 그 사람이 대학에서 어떤 교육을 받았으며 어떤 활동을 했는지에 대해서는 전혀 관심이 없다. 그래서 온전한 '학력 사회'가 아닌 '입시 학력 사회'라고 말할 수 있다.

여기에는 이유가 있다. 패전 후 일본에는 숙련된 노동력이 절대적으로 부족했다. 잿더미에서 재건해 나간다면(제로부터 시작하므로) 성장일변도로 나아갈 수 있음에도 이를 뒷받침해줄 숙련된 노동력이나 노동자를 배출하는 고등 교육 기관이 부재했다.

이러한 상황을 타개하기 위해 각 기업은 경험 없는 노동자를 고용하여 'OJT(on the job training, 상사가 업무 수행을 통해 부하 직원의 업무 능력을 관리하고 향상시키는 직장 내 교육 훈련 방식—옮긴이)'를 통해 사원들을 교육하기 시작했다.

회사 입장에서 보면 사원에게 교육비용을 투자하는 것이므로 초기 투자비용을 회수하려면 사원이 그만큼 장기간 근무하여 회사에 기여해야 했다.

따라서 기업은 사원이 오래 남아 있을수록 안정감을 느끼는 이른바, '종신고용(학교를 졸업하고 기업에 취직한 사원이 그 기업에서 정년이 될 때까지 계속 고용되는 제도—옮긴이)과 연공서열(회사 내에서 근속 연수나 나이가 늘어감에 따라 승진하는 체계—옮긴이)' 시스템을 개발해냈다.

이러한 시스템이 작동하는 동안 기업은 줄곧 OJT 기능을 맹신했다. 회사에 대한 충성도도 높아짐은 물론이고 회사 특성에 적합한 맞춤형 인재가 형성되기 때문이다. 친목을 도모하는 체육 대회가 자주 개최되는 것도 이 같은 맥락으로 볼 수 있다.

하지만 그 결과 대학들은 학생들이 회사에 들어가서 바로 사용할 만한 기술을 익히도록 가르치는 데 소홀해졌고, 학생이 사회에 나가기 전까지 인생을 즐기는 장소로 전락해버리고 말았다.

하버드 대학과 도쿄 대학을 동시에 다닌 학생

내가 하버드 대학에서 일본경제론을 가르치던 당시 도쿄 대학 법학부와 하버드 대학 경제학부를 동시에 다니던 학생이 있었다(물론 학칙 위반이었으나).

두 대학을 모두 다닌다고는 해도 그는 줄곧 하버드 대학에 머물러 있었고, 도쿄 대학에 다니는 낌새는 전혀 없었다. 보다 못해 걱정이 된 나머지 내가 "도쿄에는 안 가도 되나?"라고 넌지시 물어보았더니 그는 아무렇지도 않게 대답했다.

"괜찮아요. 시험 기간에만 잠깐 갔다 오면 되거든요."

그리고 하버드 대학과 도쿄 대학를 무사히 졸업했다. 그 모습을 보면서 '도쿄의 최고 대학인 도쿄 대학이 이 정도로 허술하다니.' 하고 허탈해한 기억이 난다.

물론 지금은 예전처럼 적당히 하다가는 큰코다치기 십상이다. 기업에서도 초기 비용이 많이 드는 연공서열과 종신고용 제도는 대부분 붕

괴되었다. OJT로 교육 투자를 할 만큼 여유롭지 못한 탓이다.

요즘은 신규 채용도 직종별 채용이 주류다. 오랫동안 지속된 '입시 학력 사회'에서 진정한 '학력 사회'로 변모해가고 있는 것이다.

시험 성적만으로는 합격하지 못하는 하버드 대학 의학부

일본의 대학이 예전보다 많이 엄격해졌다고는 하나 미국 대학과 비교하면 아직도 턱없이 부족하다. 일례로 일본 내 대학의 의학부는 아무리 우수한 대학도 필기시험에서 입학이 판가름나지만 하버드 대학 의학부는 '리더십' 자질을 측정하는 시험에 합격해야 한다.

하버드 대학 의학부를 지망하던 어느 일본인 여고생은 자신의 리더십을 강조하기 위해 학회 부장이 되고자 입후보 연설을 준비하고, 의대에 들어가겠다는 굳은 결심을 보이고자 병원에서 자원봉사 활동을 자청하고, 또 지식만이 아니라 교양도 풍부하다는 점을 알리고자 바이올린을 연습하는 등 그야말로 필사적이었다.

그녀는 한숨을 쉬며 내게 이렇게 하소연했다.

"일본 학생은 편해서 좋겠어요. 공부만 잘하면 어느 학교 학부라도 들어갈 수 있잖아요."

젊은이들이여, 여러분은 참으로 공부하기 쉬운 나라에 살고 있다.

5 능동적으로 공부하는 습관을 들이자

스스로 정리하면 두 가지 큰 효과를 볼 수 있다. 우선은 오감을 자극하는 효과이다. 인간의 기억 체계는 오감을 의식적으로 사용할 때 전두엽이 활성화된다. 또 한 가지는 사물의 본질을 이해하는 데 유용하다는 점이다.

사소한 일은 제일 먼저 처리한다

그 유명한 니토베 이나조와 나쓰메 소세키에게 큰 영향을 끼쳤다는 토머스 칼라일(Thomas Carlyle, 영국 비평가 겸 역사가로, 모든 상징과 형식, 제도를 비판하고 경험론철학과 공리주의에 반론을 제기했다—옮긴이)은 '큰일을 도모하려면 우선 자신의 서랍 속을 정리하라.' 고 했다. 이 말은 내 좌우명이기도 하다.

비중 있는 업무에 착수할 때는 데이터 집계나 서류 작업 같은 사소한 일은 다른 사람에게 맡겨버릴 때가 많다.

하지만 작은 일이라고 해서 무조건 남의 손에 맡기는 것이 능사가 아니다. 중요한 포인트를 간과할 위험이 있기 때문이다.

데이터 집계가 바로 그 전형적인 사례다. 예전에는 직접 손으로 수치를 뽑아서 그래프에 기입했지만 요즘에는 누구나 엑셀을 사용해서 간단히 집계한다. 엑셀은 확실히 효율적인 기능이긴 하지만, 디지털 계산은 숫자에 이상치가 있어도 그냥 지나쳐버릴 수 있다는 치명적인 단점이 있다.

예를 들어 일본의 농업 생산성 추이를 집계한다고 해보자.

농업은 몇 년에 한 번 정도는 태풍이나 지진 피해 등으로 생산성이 급감할 때가 있다. 직접 수치를 일일이 입력해보면 급격히 수치가 내려간 것은 천재지변 때문이라고 판단할 수 있지만, 데이터 베이스에서 데이터를 끌어내어 엑셀로 자동 집계해버리면 그런 이상치를 발견하는 것이 불가능하므로 무조건 평균치를 산출해낸다. 결국 평균치가 부당하게 내려가거나 본래의 동향을 파악하기 어려워진다.

새로운 미디어는 능률면에서 압도적으로 우수하므로 적절하게 사용하면 대부분 상황에서는 아주 효율적이다.

그러나 때로는 시간을 들여 오래된 수법을 쓰는 것이 사전에 실수나 오판을 방지할 수 있다.

중요한 데이터 분석은 반드시 자기 손을 움직여 직접 정리해봐야 한다. 전체적인 동향이나 요지를 파악해야 할 때라면 더욱 그렇다.

스스로 정리하면 두 가지 큰 효과를 볼 수 있다. 우선은 오감을 자극하는 효과이다. 인간의 기억 체계는 오감을 의식적으로 사용할 때 전두엽이 활성화된다. 손을 사용하면 오감이 자극되어 단지 눈으로 좇는 것보다 기억으로 정착되는 경향이 현저히 높아진다. 또 한 가지는 사물의 본질을 이해하는 데 유용하다는 점이다. 요컨대 정리란 잔가지(기술)를 쳐내고 큰 줄기(핵심)를 탐구하는 작업이다.

'패러프레이즈'로 사회 현상을 입체적으로 기억한다

사물을 입력·출력하는 데 유용한 트레이닝으로 '패러프레이즈(paraphrase)'라는 방법이 있다. 우리말로 직역하면 '말 바꾸어 표현하기'이다.

나는 이것을 미국의 대학에 진학하기 전 코스인 어학원에서 배웠다. 방법은 아주 간단하다. 예를 들어 'A에서 B가 생겼다.'라는 문장이 있다고 하자. 이것을 'B가 되기 전에는 A였다.'처럼 주어와 술어를 바꾸어보는 것이다.

본래 논문의 인용을 피하기 위한 훈련이었던 패러프레이즈는 어떤 내용을 암기하고자 할 때 기억력을 배가시키는 데도 더없이 효과적이다. 예를 들어 오늘 배운 것을 복습할 때 'A는 B를 C했다.'라는 문장을 'B는 A에 의해 C되었다.'라고 바꾸어본다.

그러면 머릿속에서 문장이 입체적으로 정리되어 한결 자동 출력하는 것이 수월해진다.

꼭 한번 시도해보기 바란다.

귀동냥으로 얻은 지식은 결코 오래가지 못한다

앞서 '스스로 정리하기'는 사물을 잎사귀와 줄기로 나누었을 때 큰 줄기인 본질을 선별해내는 효과가 있다고 설명한 바 있다. 그런데 사물의 본질은 반드시 스스로 읽고 써보지 않으면 자신의 지식이 되지 않는다.

화젯거리가 될 만한 잡학 지식은 귀동냥으로 충분하다. 단순히 이야기 소재가 될 내용이라면 다른 사람과 있을 때 요긴하게 써먹을 수 있으므로 화제가 풍부한 사람과 대화를 나누거나 신문 혹은 텔레비전이나 인터넷에서 보고 들은 재미있는 이야기를 메모해둔다.

하지만 사물의 본질, 즉 논리는 귀동냥으로 끝내버릴 수 있는 차원이 아니다.

일본의 정치가 중에는 예상 밖으로 귀동냥 타입이 많다(그들과 수없이 접해보고 나서 내린 결론이다). 그들은 온종일 사람들과 어울려야 하므로 사람의 관심을 끌 만한 재미있는 이야기는 훤히 꿰고 있다. 하지만 사물의 본질까지 '귀동냥 학문'에 의존하는 탓에 국회 답변에서 본질에 대한 문제로 추궁당하면 횡설수설하기 일쑤다.

'귀동냥 학문'으로 얻는 지식은 응용할 수 없는 단편적인 지식에 지나지 않는다. 핵심적인 정책의 논리적 분석이나 문제 해결의 구체적인 대안은 직접 써보고 정리해서 이해하는 길밖에 없다. 많은 정치가가 근본적인 구조 개혁에 착수하지 못하고 그때그때 난처한 상황을 빠져나가기 위한 미봉책으로 일관하는 것은 다 이 같은 작업을 게을리했기 때문이다.

논리의 빈약함은 비단 정치가에게만 국한되는 이야기가 아니다. 매스컴 관련 종사자나 평론가 중에도 소재는 풍부하지만 논리에 무지한 사람이 무척 많다. 여러분도 주위에서 이러한 부류를 본 적이 없는가?

이러한 사람들은 얼핏 박식해 보이지만 결정적인 논리와 응용력이 부족해 언젠가는 반드시 취약한 기본기가 탄로나버린다.

사물의 본질을 파악하려면 사람의 이야기를 듣는 것만으로는 부족하다. 스스로 읽고 써보고 머릿속 사고 작용을 통해 자신의 지식으로 만들어야 한다.

진정한 지식인은 '비유법'에 의존하지 않는다

빈약한 지식이 간파되기 쉬운 또 다른 유형은 바로 손쉽게 비유법을 사용하는 이들이다. 정치가나 논평가들은 텔레비전에 나와 곧잘 이런 이야기를 한다.

"일본은 과거 젊은 국가였다. 하지만 이제 점점 노화되어 세포의 활력이 사라지고 있다."

얼핏 들으면 일본 경제를 인간의 노화에 빗댄 참신한 비유법이라 여겨진다. 그러나 사실, 알고 보면 요점을 얼버무리고 상대방을 현혹하는 눈가림에 지나지 않는다.

여기서 말하는 '노화'란 무엇을 의미하는 것일까? 경제 성과가 둔화되는 상태를 가리키는 걸까?

그렇다면 세포란 또 무슨 말인가? 기업? 만일 기업을 뜻한다면 수많은 기업 중에는 말 그대로 '노화된(오래된)' 전통 기업도 있을 테고 젊은 벤처 기업도 있을 터이다. 그렇다고 오래된 기업의 대다수가 죽기 직전의 상태는 아니며, 젊은 활기가 넘치는 전통 있는 기업도 많다.

비유법은 점점 깊이 파고들어가다 보면 논리가 전혀 통하지 않는 경우가 대부분이다.

내가 아는 한 진정한 지식인은 비유법을 쓰지 않는다.

아이들을 대상으로 이해하기 쉬운 설명이 필요할 때 비유법을 구사하는 것은 상관없지만 상대와 논리적으로 토론하는 장소라면 결코 적합하지 않다.

다케나카식 영어 공부 7대 비법

> ## ◎ 다케나카식 영어 공부 7대 비법
>
> 1. 지나친 기대는 금물이다
> 2. 암송하라
> 3. 사전을 찾아보라
> 4. 모방하라
> 5. 기꺼이 시련을 받아들여라
> 6. 가장 앞자리에서 듣고 제일 먼저 말하라
> 7. 거침없이 질문을 퍼부어라

젊은 세대는 물론이거니와 청소년이나 중장년층에 이르기까지 가능한 한 많은 이에게 권하고 싶은 공부가 바로 어학이다. 어학이 반드시 영어일 필요는 없다. 모국어 이외의 언어 습득은 지적 능력을 향상시키는 데 매우 도움이 된다.

언어란 생각을 통해 말하고 쓰는 과정이다. 그러므로 언어를 배우면 자연히 사고력이 길러지며, 더불어 그 나라의 문화에 대한 이해도 깊어진다.

1 완벽한 영어 구사는 기대하지 말자

나만의 Style로 공부하라

외국어를 공부하는 데 원어민 수준의 완벽한 언어를 지향하는 것은 지극히 어렵다. 차라리 엄연한 한계를 인정하고 도전하는 것이 더 현실적인 방법이다.

일본어보다 영어가 능숙한 일본인은 없다

일반적으로 영어를 말하는 사람은 세 부류이다. '영어가 모국어인 사람', '영어가 제2모국어인 사람', '영어가 외국어인 사람'.

영어가 제2모국어인 사람으로는 예컨대 중국에서 미국으로 이주해 미국에서 생활하는 이들을 들 수 있겠다. 그들에게 모국어는 어디까지나 중국어지만 매일 영어를 사용하는 만큼 아무리 영어가 서툴다 해도 의사소통에 별다른 어려움이 없다.

이와 달리 세 번째 부류는 영어가 제2모국어도, 모국어도 아니므로 영어를 완전한 '외국어'로 인식하고 사용하는 것이 최선이다.

외국어를 공부하는 데 원어민 수준의 완벽한 언어를 지향하는 것은 지극히 어렵다. 차라리 엄연한 한계를 인정하고 도전하는 것이 더 현실적인 방법이다.

미국에서 태어나고 자란 미국인 중에 영어를 못하는 사람은 없다. 하지만 이들 중에 일본어를 일본인보다 더 잘하는 사람을 본 적이 있는가?

일본인은 영어가 유창한 일본인을 보면 "그는 완전히 네이티브 스피커다.", "그녀는 영어를 참 잘한다."라며 당연하다는 듯 말한다. 심지어 미국에서 살았다고만 하면 누구나 원어민처럼 영어를 잘할 것이라고 여긴다. 그러나 이는 터무니없는 오해다.

일본인은 예상 밖으로 영어 어휘력이 매우 부족하다.

내가 미국에 살면서 처음 영어로 당황했던 일은 형광등이 나가 교체할 새 등을 사러 갔을 때였다. 난감하게도 '형광등'이라는 단어가 도통 떠오르지 않았다.

허둥대며 사전을 찾아보니 형광등은 'fluorescent'였다. 그때 처음 형광등이라는 영어 단어를 접했다. 일본에서 중·고·대학교에 이르기까지 지겹도록 되풀이했던 영어 수업에서 형광등이라는 단어가 단 한 번도 등장한 적이 없었던 것이다.

실제로 'fluorescent'는 '빛나다'라는 의미로 영어권 국가에서 빈번히 사용되는 단어인데도 말이다.

일본의 어학 실력은 이 정도다. 그런데도 '네이티브 스피커' 운운하니 더 말해 무엇하랴. 평생 공부해도 원어민처럼 되기는 어렵다. 냉정한 현실은 빨리 인정하자.

발음보다 무엇을 말하는지가 중요하다

거듭 말하지만 어학을 습득하는 것은 그리 간단한 과제가 아니다. 하지만 공부하면 누구나 어느 수준까지는 도달할 수 있다. 그러니까 우리는 '어느 수준'을 목표로 공부하면 된다.

승무원처럼 영어를 능숙하게 구사할 필요는 없다. 더듬거리면서 이야기해도 의미는 충분히 통한다.

이와 관련한 에피소드가 있다. 당시 내가 근무하던 하버드 대학 연구소에는 일본인 선배가 두 명 있었다. 한 명은 영어가 아주 유창했고 다른 한 명은 꽤 서투른 편이었다.

당연하게도 처음에는 영어를 잘하는 선배가 더 주목받았다. 그런데 몇 달쯤 지나고 나서는 두 사람의 형세가 역전되었다. 이유는 바로 두 사람의 말하는 내용이었다.

언어란 비유하자면 방송에서 말하는 전파다. 당연히 전파의 질이 좋으면 더할 나위 없이 좋다. 그러나 아무리 화질이 좋아도 내용이 별 볼일 없으면 누구도 거들떠보지 않는다.

반면에 전파의 질이 다소 떨어져도 내용이 재미있으면 화질이 좀 좋지 않아도 감수하고 보는 사람이 생긴다. 영어든 일본어든 결국은 말보다 내용이 대화를 좌우한다는 말이다.

회화는 못해도 작문은 잘한다?

일본인이 오해하는 또 다른 것 중 하나가 "일본인은 영어 회화가 서툴러도 작문은 잘한다."라는 통설이다. 내가 보기에 이는 엄청난 착각이다. 냉혹하게 들리겠지만 일본인은 읽기·쓰기도 못한다.

오히려 읽고 쓰는 능력이 부족하기 때문에 듣기 말하기도 서투른 것이 아닐까 싶다. 읽기·쓰기를 못하는 것은 결정적으로 영어의 독해가 부족한 탓이다.

영어를 숙달하고자 마음먹었다면 기본적으로 읽고 쓰면서 어휘력을 늘려야 한다. 영어 능력을 향상시키고 싶다면 영자 신문이든 원서든 자신에게 흥미 있는 글이라면 무엇이든 상관없으니 좌우지간 영어 문장을 많이 읽는 습관을 들여야 한다.

서두는 이 정도로 하고, 다음 장부터는 내가 그동안 실천해온 영어 실력을 향상시키는 구체적인 요령에 대해 알아보도록 하자.

2 암송으로 영어를 머릿속에 채운다

낭독은 시각과 청각을 자극하고, 우리 몸은 오감을 구사할수록 전두엽이 활성화되어 기억한 내용이 오래도록 보관되며 떠올리기도 쉽다.

머릿속에 '영어'가 없으면 아무리 노력해도 헛수고

대학 시절 영어 학원에 다녔을 때의 일이다.

당시 내가 수강하던 반의 영어 선생님은 수업 시작 전에 빈 콜라 캔을 가져와서 이렇게 말했다.

"이 캔은 아무리 거꾸로 들고 흔들어도 속이 텅 비어 있어서 아무것도 나오지 않는다. 여러분이 영어 회화를 못하는 것과 같은 이치다. 머릿속에 영어 단어가 전혀 들어 있지 않기 때문이다."

말 그대로였다. 앞서도 언급했지만, 영어는 단어를 모르면 한마디도 하지 못한다. 아무리 끙끙거리며 머리를 쥐어짜 봤자 애초 머릿속에 존재하지 않은 단어를 입 밖으로 내지 못하는 것이 당연하지 않은가?

영어 선생님은 계속해서 말했다.

"영어로 말하고 싶으면 머릿속에 영어를 채워 넣어라. 그러려면 오로지 암기하고 또 암기하라."

그렇다. 영어 실력을 향상시키는 첫 번째 요령은 '암기하기'이다.

케네디, 킹 목사의 연설을 암송한다

학원 선생님은 유명 인사들의 연설을 암기할 것을 권했다. 나는 그 즉시 킹 목사의 'I have a dream'이나 케네디 대통령의 취임 연설 대본을 구해 필사적으로 외우기 시작했다.

그런데 이 연설은 예상 밖으로 엄청난 분량이었다. 케네디 대통령의 연설은 20~30분, 킹 목사의 연설은 그보다 더 길었다. 당연히 암기해야 할 영어 단어 수도 상상을 초월했다.

그러나 인간이란 모름지기 의욕이 생기면 뭐든지 가능한 법. 반복을 거듭하며 중얼중얼 읽어가는 사이 나도 모르게 완벽하게 암기해버렸다. 덕분에 머릿속에 영어가 꽉 들어차 가는 느낌을 실감했다. 무엇보다 장문의 영어 문장을 달달 외우게 되니 자신감이 붙었다. 이런 점에서 영문 암기는 그야말로 영어의 초기 트레이닝에 가장 효과적인 방법이다. 특히 정치가의 연설은 완성도가 높은 문장이므로 암기 교재로 손색이 없다.

최근 영화나 해외 드라마를 자막 없이 보며 영어를 공부하는 방법이 유행인데, 내 경험으로 미루어보아 효과가 거의 없다. 팝송을 듣는 것도 마찬가지다.

만일 외국에 갈 기회가 생긴다면 청각이 불편한 사람을 위해 프로그램에 영어 자막이 함께 나오는 셋톱박스(STB) 교재를 추천한다. 미국에 머무르던 시절에 알고 지내던 한국인이 권해서 시도해보았는데, 뉴스에서 애니메이션에 이르기까지 모든 장르에 영어 자막이 붙어 있어 이해 속도가 빨라지고, 덕분에 청취 능력이 월등히 향상되었다.

자신에게 맞는 학습 방법은 사람에 따라 각기 다르므로 유익하다고 여기는 방법은 일단 시험해보자.

선택은 그 후에 해도 늦지 않다.

낭독으로 영어 뇌를 단련한다

모든 암기에 적용되는 요령인데, 어학 공부는 목소리를 내어 말하는 것이 가장 효과적이다. 낭독은 시각과 청각을 자극하고, 우리 몸은 오감을 구사할수록 전두엽이 활성화되어 기억한 내용이 오래도록 보관되며 떠올리기도 쉽다.

일본인은 영어 공포증이 심한 편이라 영어 낭독을 시키면 무척 창피해한다.

정 힘들다면 중학교 교과서라도 좋다. 간단한 영문이라면 모르는 단어도 별로 없을 테니 가능한 범위에서 교재를 무조건 낭독해보자.

영어 낭독을 지속해나가면, 어느 순간 단어나 문법이 머릿속에 술술 입력되어가는 것을 느낄 수 있다.

참고로 나는 낭독을 생활화하고 있다. 특히 국제회의에 출석하기 전에는 비행기 안에서 영자 신문이나 원고를 중얼중얼 읽는다(비행기는 소음이 시끄러워서 그다지 눈에 띄지 않는다).

약간의 창피함을 무릅쓰고 낭독을 지속해보라. 확신하건대 두뇌가 '영어 모드'로 바뀌는 것을 실감하리라.

3 모르는 단어는 반드시 사전을 찾아보라

나만의 Style로 공부하라

날마다 영자 신문에서 흥미로운 기사 한 가지를 골라 모르는 단어가 있으면 반드시 사전을 찾아본다. 사전에서 찾은 단어는 'My 단어장'으로 이름붙인 노트에 적고 빠짐없이 외운다. 이 과정을 되풀이하면 자신도 모르는 사이에 비약적으로 어휘력이 늘어난 자신을 발견하게 된다.

어휘력을 높이는 자가 승리한다

당연한 얘기지만, 모든 어학은 어휘가 늘지 않으면 같은 단어를 그저 반복할 뿐 좀처럼 실력이 올라가지 않는다. '어학은 곧 어휘'라고 해도 과언이 아닐 만큼 어휘력은 어학 실력을 좌우한다.

어휘력을 향상시키기 위해서는 항상 사전을 찾아보는 습관을 들여야 한다. 학창 시절에 영어 단어 실력을 늘리기 위해 몇 가지 방법을 시도해보았는데, 그중에서 가장 효과를 본 방법을 소개하겠다.

날마다 영자 신문에서 흥미로운 기사 한 가지를 골라 모르는 단어가 있으면 반드시 사전을 찾아본다. 사전에서 찾은 단어는 'My 단어장'으로 이름붙인 노트에 적고 빠짐없이 외운다. 이 과정을 되풀이하면 자신도 모르는 사이에 비약적으로 어휘력이 늘어난 자신을 발견하게 된다.

미국 유학 시절에는 이런 방법도 써보았다. 그날 아침에 있었던 일을 영어로 중얼거리는 것이다.

'오늘은 6시 반에 알람 시계 소리에 눈을 떠 부엌에 가서 커피를 끓이고 토스트를 구웠는데 그만 태워버렸다. 아침 뉴스 프로그램에서는 진행자가 이런 얘길 했는데 나는 이렇게 생각한다.'

이런 식으로 당신의 익숙한 일상사를 전부 영어로 말해보자.

그러다 보면 영어 단어를 몰라 말이 막힐 때가 있다. 그럴 때는 사전을 찾아본다. 예컨대 '토스트를 태웠다.' 부분에서 막혀 사전을 찾아보면 영어로 '태우다'가 'scorch'라는 것을 자연스레 알게 된다.

단, 주의할 점은 사전을 찾아보는 기사는 자신이 흥미롭다고 생각하는 한 가지 기사뿐이어야 한다. 그 밖의 기사는 일일이 사전을 찾지 않고 무조건 읽어본다. 단어를 아는 것도 중요하지만 한 가지 단어를 몰라도 전후 문맥으로 추측하여 요점을 유추해보는 훈련도 필요하다. 그러므로 모든 단어를 알 필요는 없다. 제2장에서 기술했던 '꿈을 꾸면서 밭을 일군다.'는 내용을 상기해보기 바란다.

'영어가 유창한 일본인'의 영어를 흉내 내라

같은 민족이기 때문에 '억양'이 비슷하므로 발음을 알아듣기도 쉽다. 앞서 말한 대로 일본인이 원어민의 발음을 100% 따라 하는 것은 불가능하다.

오와다 히사시의 영어 표현을 참고하다

'배우다'의 어원이 '흉내 내다'라고 알려져 있는 것처럼 어학 실력이 얼마나 향상될지는 얼마나 잘 흉내 내는지에 달렸다. 그러므로 영어 회화를 잘하려면 일단 영어를 유창하게 말하는 일본인을 흉내 내야 한다.

같은 민족의 말을 따라 하라고 하는 것은 화제에 오르는 관심사가 비슷하기 때문이다. 표현 방법만이 아니라 말하는 구체적인 내용까지 배울 수 있다는 이점이 있다.

나는 하버드 유학 시절 오와다 히사시, 당시 법학부 객원교수(이후 국제 연합 대사를 역임)의 영어를 교재 삼아 연습했다.

그는 외국인이 생각하는 일본에 대한 통설의 허구성을 꼬집는 연설을 자주 했는데 표현력이 뛰어나서 종종 비슷한 질문을 받는 나에게 많은 공부가 되었다.

  그리고 같은 민족이기 때문에 '억양'이 비슷하므로 발음을 알아듣기도 쉽다. 앞서 말한 대로 일본인이 원어민의 발음을 100% 따라 하는 것은 불가능하다. 차라리 영어가 유창한 일본인을 본보기 삼아 그의 영어를 익히는 것이 훨씬 도움된다.

5 기꺼이 시련을 받아들여라

나만의 Style로 공부하라

두꺼운 어학의 '벽'은 '정면으로 맞서는 태도'에 의해 스스로 허물어지는 법이다.

늦은 '해외 데뷔'

요즘에야 국제회의에서 종종 영어로 연설하기도 하지만 원래 나는 '늦깎이 국제파'다.

대학에 입학하기 전까지 수험 영어밖에 몰랐고 '해외 데뷔'는 하버드 대학 유학 때였다.

당연히 영어 때문에 생긴 고생은 남부럽지 않게 실컷 했고 지금도 때때로 '영어의 벽'을 실감한다.

온갖 우여곡절 끝에 영어로 의사소통하는 것이 가능해진 것은 다 자진해서 시련을 적극적으로 받아들인 덕분이 아닌가 싶다.

1989년에 조교수로 다시 하버드 대학 교정에 섰을 때, 나는 새로운 감회를 느낄 여유도 없이 당장 이틀 후부터 일주일에 3일 수업을 배당받았다. 지금 돌아보면 참으로 엄청난 시련이었다.

미국인을 상대로 한 시간 동안 수업을 진행하려면 수업 개요서와 원고를 작성하고, 참고 자료를 선출하고, 과제 도서를 선정하고 내용을 파악하는 등 준비할 일이 태산이었다. 하물며 그 모든 것이 다 영어! 수많은 시행착오와 정신적 압박감을 겪었으리라는 것은 두말할 나위도 없다.

그래도 일단 조교수 임용을 수락한 이상 포기할 수는 없는 노릇이었다. 시차에 적응하는 것이 힘들어 끊임없이 졸음이 몰려왔지만 도착하자마자 늦은 밤까지 사무실에 틀어박혀 줄곧 수업 내용의 개요를 작성하는 데 몰두했다.

도저히 졸음을 참기 어려워지면 한쪽 구석에 신문지를 깔아놓고 서류 가방을 베개 삼아 선잠을 잤다.

강의는 몇 개월에 걸쳐 진행되었고 나는 그야말로 파김치가 되어버렸다. 그러나 마지막 강의까지 무사히 끝마쳤을 무렵에는 어느덧 '영어로 생각' 하는 습관이 자연히 몸에 뱄다.

스스로 배수진을 치고 자진해서 시련을 받아들인 결과 값진 성과를 얻은 것이다.

두꺼운 어학의 '벽' 은 '정면으로 맞서는 태도' 에 의해 <u>스스로</u> 허물어지는 법이다.

맨 앞자리에서 듣고 제일 먼저 말하라

강연자와 멀리 떨어져 앉는 것은 그런 면에서 전화로 의사소통하는 것과 같다. 하지만 가장 앞자리에 앉으면 앞에서 말하는 이의 몸짓이나 손짓, 표정 등이 충분히 파악된다. 그러면 말만으로는 알아듣기 어려운 의미도 한결 이해하기 쉬워진다.

작은 용기가 극복의 열쇠

어찌 보면 어학 실력을 향상시키는 비결은 결국 정신력 싸움이다. 남 앞에서 영어를 할 때 '실수하고 싶지 않다.' 거나 '망신당하고 싶지 않다.' 라는 공포심이 내면에 자리 잡는 한 결코 영어를 이길 수 없다.

그와 달리 뻔뻔할 만큼 적극적으로 말하고 알아듣지 못할 때는 이해할 때까지 물어보는 사람이 영어 학습에서 일취월장한다.

나는 외국인과 토론할 때나 강의를 들을 때는 반드시 제일 앞자리에 앉는다. 사실, 가장 눈에 띄는 자리에 앉으려면 큰 용기가 필요하다. 그러나 여기엔 커다란 의미가 담겨 있다.

상대가 눈앞에 있으면 어떻게든 영어로 의사를 전달하는 사람도 막상 전화로 말할 때는 금세 말문이 막히기 십상이다. 전화에 의한 의사소통은 상대방의 표정이나 몸짓, 손짓 등을 느끼지 못하고 오로지 말에만 의지하는 까닭이다.

  강연자와 멀리 떨어져 앉는 것은 그런 면에서 전화로 의사소통하는 것과 같다. 하지만 가장 앞자리에 앉으면 앞에서 말하는 이의 몸짓이나 손짓, 표정 등이 충분히 파악된다.

  그러면 말만으로는 알아듣기 어려운 의미도 한결 이해하기 쉬워진다. '귀'로 듣는 것이 아니라 '오감'으로 느낀다고나 할까?

  게다가 항상 앞자리에 앉는 버릇을 들이면 강연자가 얼굴을 기억하게 되므로 질문하기도 수월하다.

  자, 다음은 원어민과 영어 토론을 하는 요령에 대해 알아보자. 이것 역시 '공포심 극복'이 관건이다. 결론부터 말하자면 '제일 먼저 발언하라.' 즉, 처음에 의견을 내어 토론의 방향을 결정해버리라는 말이다.

  원어민이 먼저 말을 하게 되면 '그들만의 세계'에 휩쓸려서 토론을 따라가기에 급급해지지만, 처음에 약간의 용기를 발휘해 이야기를 시작하면 이후에는 자연스레 본인이 말한 내용을 중심으로 토론이 진행되므로 결과적으로 대단히 유리한 고지를 차지하게 된다.

거침없이 질문하는 아이에게 배우자

학생은 효과적으로 공부할 수 있는 특권이 있다. 모처럼의 귀중한 특권을 헛되이 보내지 말라. 더욱 뻔뻔하고 적극적으로, 가능한 한 모든 기회를 활용하자.

유치원생도 말은 서툴다

앞서 미국에 갔다 왔다고 누구나 영어에 능통해지는 것은 아니라고 말한 바 있다. 어른보다 어휘 흡수력이 유연하다는 아이들도 예외는 아니다. 재외 교포라고 해도 아무런 노력이 따르지 않는다면 몇십 년을 외국에서 산들 외국어는 절대로 능숙해지지 않는다. 아이들도 어른과 마찬가지로, 아니 그 이상으로 안간힘을 쓰고 있다.

하버드 대학 객원연구원 생활을 위해 미국에 동행했던 유치원생 딸도 당시 영어를 배우기 위해 필사적이었다.

유치원에 가보면, 딸은 항상 가장 앞자리에 앉아 선생님 말을 단 한 마디도 놓치지 않으려는 듯 집중해 있었다. 아마도 선생님이 무슨 말을 하는지 알아듣기 어려우니 표정이나 몸짓, 손짓을 통해서라도 의미를 이해하려고 한 듯하다.

그 당시 딸아이는 영어라는 언어에 대해 거의 '백지' 상태나 다름없었다. 수업 중에 영어 노래 한 소절 부르는 것도 벅찼던 아이는 선생님이 나눠준 가사 카드에 일본어로 삐뚤삐뚤 음을 달아놓았다. 아무것도 모르는 어린아이에게는 더없이 무거운 짐이었으리라. 하지만 아이들의 성장은 실로 놀라운 구석이 있어서 어른들이 모르는 사이에 비약적으로 성장한다. 나 역시 딸을 통해 이 사실을 체험했다.

어느 날 딸을 학교에 데려다줄 때 차 안의 라디오에서 랩 음악이 흘러나왔다. 그런데 가만히 음악을 듣던 아이가 갑자기 "가사 좋네."라고 중얼거리는 것이었다.

나는 순간 내 귀를 의심하며 "너, 지금 이 노래 의미를 알아들었니?"라고 물었다. 부끄러운 얘기지만, 지금까지 딸에게 영어 선생 노릇을 하던 나도 전혀 알아듣지 못했다.

미처 인식하지 못한 사이, 딸은 놀라운 속도로 성장해 있었다. 눈에 보이는 성과가 없더라도 조금씩 꾸준히 노력하다 보면 어느 순간 비약적으로 성장한 모습을 발견할 수 있다. 그렇게 경험한 성과는 든든한 자신감의 원천이 된다.

무조건 뻔뻔해져라

어학을 향상시키고 싶다면 무조건 **뻔뻔해져라**(대부분의 사람이 특히 이 부분에서 취약하다). 상대가 말한 내용을 이해하지 못했다면 당당히 되묻고, 한편으로 자기 의견도 들려주면서 자신이 작성한 보고서도 보여주는 적극성이야말로 영어 실력을 향상시키는 토대가 된다.

선생님은 학생의 든든한 지원군이다. 스승과 제자의 관계를 좀 더 적극적으로 활용하자.

미국의 대학은 이러한 시스템이 무척 활성화되어 있다. 하버드 대학에는 이른바 '오피스 아워'라는 것이 있어서 교수는 매주 일정한 시간에 의무적으로 자신의 연구실에 있어야 한다. 그리고 학생이나 유학생, 연구생들은 교수의 승인 하에 언제든지 연구실을 찾아가 자유롭게 의견을 나눌 수 있다.

알다시피 하버드 대학은 세계적으로 명성이 자자한 유명한 교수들이 국적을 가리지 않고 모여 있는 곳이다. 다시 말해, 평생 한 번 만나기도 어려운 세계적인 학자들과 일대일로 토론하는 것이다.

나는 일생에 두 번 오기 힘든 기회다 싶어 '오피스 아워' 면담 신청에 누구보다 열성적이었다.

상대가 상대이니만큼 인터뷰 신청도 까다롭다. 우선 자신이 누구인지 설명한 다음 무엇에 관해 이야기를 나누고 싶으니 시간을 내어달라고 면담을 부탁한다. 허락이 떨어지기까지 2~3주 기다리는 것은 기본이다. 그럼에도 끈질기게 요청하면 15분에서 20분 남짓한 면담 시간이 허락된다.

어려운 관문을 거친 만큼 사전 준비에도 정성껏 공을 들인다. 면담

교수의 논문은 모조리 훑어보고 질문사항도 꼼꼼히 점검해둔다.

자신의 영어 실력이 형편없다고 주눅들 필요 없다. 본래 지적 수준이 높은 이들은 상대의 영어 회화 실력이 아니라 대화 내용에 주목하므로 이야기만 흥미롭다면 충분히 대화가 이루어진다. 아니, 지적 능력이 뛰어난 사람일수록 호기심이 왕성한 법이라서 오히려 나에게 일본 사정에 관한 질문을 할 때 종종 있었다.

노벨 경제학상 수상자인 프랑코 모딜리아니(Franco Modigliani)에게 "당신의 이론은 이러한 상황에는 적용할 수 있지만 일본의 상황에는 적합하지 않다고 본다."라고 하자 그는 흥미를 보이며 "그렇다면 현재 일본은 어떤 상태인가?"라고 되묻기도 했다.

그러면 적절한 대답을 보충하기 위해 또다시 그 부분에 대해 공부하는 계기가 된다.

단순히 선생님이 해주는 답변으로 끝나는 것이 아니다. 사전 준비를 하며 학습된 것과 새로운 과제 발견에 이르는 일련의 과정이 모두 공부가 아니고 무엇이겠는가?

학생은 효과적으로 공부할 수 있는 특권이 있다. 모처럼의 귀중한 특권을 헛되이 보내지 말라. 더욱 뻔뻔하고 적극적으로, 가능한 한 모든 기회를 활용하자.

05
나만의 Style로
공부하라

다케나카식 경제 공부 9대 비법

> ◎ **다케나카식 경제 공부 9대 비법**
>
> 1. 지식의 영역은 무한정하다
> 2. 천장은 높다
> 3. 스터디 모임을 활용하라
> 4. 같은 신문 칼럼을 꾸준히 읽어라
> 5. 상식에 얽매이지 말자
> 6. 정원사의 시점으로 생각하라
> 7. 연립 방정식으로 예측하라
> 8. 정보는 원본을 찾아라
> 9. 자신만의 관심 분야를 가져라

"세계가 돌아가는 원리를 알고 싶다면 경제를 공부해라."

중학교 시절에 선생님이 해준 이 한마디를 계기로 나는 경제 공부를 평생의 업으로 정했다. 그동안 은행원, 대학 교수, 정치가라는 직업을 거쳤지만 경제 공부라는 기본은 달라지지 않았다.

경제란 살아가는 삶 그 자체다. 아울러 경제는 정치와 밀접한 관련이 있다. 따라서 정치와 경제를 공부한다는 것은 업무를 능숙하게 처리하기 위해서만이 아니라, 자신과 세상의 연결 고리를 더없이 공고히 다지는 탐구이기도 하다.

삶은 곧 경제, 범위는 무한정하다

경제학만큼 영역이 방대하고 생활에 밀접한 학문도 없다. 오래된 경제 신문의 선전 문구처럼 들리겠지만 경제 없는 하루는 없다. 경제는 우리의 삶, 바로 그것이다.

경제학은 쉽다

현재 대학에서 젊은 학생들을 상대로 경제학과 경제 정책을 가르치면서 느끼는 점은, 학생은 시대를 막론하고 '나는 무엇을 공부하면 좋은가.'로 항상 고민하는 존재라는 것이다.

그도 그럴 만하다. 지금까지 수험 공부라는 '천장이 있는 공부'만 해 오다 대학에 오자마자 무한정한 '천장이 없는 공부'에 맞닥뜨리면 무엇을 어디부터 시작해야 할지 갈팡질팡하기 마련이다.

나도 그중에 한 사람이었다.

하지만 어느 정도 세월이 지나고 보니 얼핏 문턱이 높아 보이는 학문도 자신의 관심사에서 조금씩 파고들어가다 보면 친숙해진다는 진리를 깨달았다.

경제학만큼 영역이 방대하고 생활에 밀접한 학문도 없다. 오래된 경제 신문의 선전 문구처럼 들리겠지만 경제 없는 하루는 없다. 경제는 우리의 삶, 바로 그것이다.

이를테면 아침에 일어나 토스트를 구웠는데 값이 비싸서 버터를 사지 못했다든가, 원유가가 사상 최고치를 갱신해서 가솔린 가격이 올랐다든지 하는 이 모든 현상이 경제학의 영역이다.

왜 원유나 식품 재료 가격이 상승했을까? 궁금하다면 원인을 알아보자. 혹은 주식 투자에 관심이 있다면 지금 어떤 상품이 상한가를 치고 있는지, 어떻게 해서 주가가 상승했는지 알아보자. 사소한 궁금증을 풀어가다 보면 저절로 세계적인 거시 경제의 동향까지 관심이 미친다.

이처럼 친숙하고 일상적인 문제의 '원인'을 찾다보면 경제학이라는 학문으로 연결된다. '경제학은 곧 어려운 학문'이라고 단정 짓지 말고 항상 호기심의 안테나를 가동시켜라.

두리번거리며 거리를 걷자

집에 틀어박혀 있으면 자신의 관심사를 찾기 어렵다. 《책을 버리고 거리로 나가자(書を捨てよ街に出よう)》(일본 영화감독 데라야마 슈지寺山修司의 영화 제목—옮긴이)까지는 아니더라도 호기심을 자극하는 소재는 거리에 흘러넘친다.

거리로 나가 두리번거리며 여기저기를 유심히 둘러보자.

덧붙이자면, 나는 두리번거리기의 고수다.

지하철을 타면 내부에 붙은 광고 앞에 기웃거리고, 거리를 걸으면서 백화점 쇼윈도나 주변 사람들을 흘깃거린다. 오죽하면 학생들이 가만히 좀 있으라며 핀잔을 줄 정도다. 주의 산만으로 따지자면 단연 올림픽 금메달감이다.

하지만 이 산만한 기질 덕에 새로운 사실을 발견하기도 한다. 오사카 거리에는 왜 연중 폐점 세일을 하는 상점이 그토록 많은가? 호화로운 고급 인형 가게는 유명한 관광 코스임에도 왜 실패했는가? 이러한 사소한 의문점을 파고들어가다 보면 경제학과 경영학을 이해할 수 있는 힌트를 발견할 수 있다.

뉴욕 · 워싱턴 D.C. · 보스턴 경제학의 차이

IMF나 세계은행의 경제 분석가들도 자주 강의하는 프린스턴 대학에서 경제학을 가르치는 폴 크루그먼(Paul Robin Krugman)은 경제 관련 서적에 세 분류가 있다고 말한다.

첫 번째는 '업 앤 다운의 경제학'. 말 그대로 주가나 물가가 오르내리는 등 매스컴에 자주 보도되는 '상승 · 하락론'을 가리킨다.

두 번째는 '공항 서점의 경제학'으로, 일본의 이른바 '간이 서점의 경제학'이라고 바꾸어도 무방하다. 국토가 넓은 미국에는 공항 서점 곳곳에 직장인이 가볍게 읽을 만한 실용 경제 서적이 가득하다. 《세계 공황을 극복하는 10가지 방법》과 같은 책이 그것이다. 덧붙여 폴 크루그먼은 이 가운데 대부분이 마치 '이 세계는 곧 종말이 도래한다.' 라고 예언이라도 하듯 비관적인 내용으로 가득 차 있으며, 나머지 3분의 1은 '장밋빛 미래'를 노래하는 등 비현실적으로 낙관적인 내용이라고 지적한다.

마지막으로는 '그리스 문학의 경제학' 인데, 그리스 문학의 현학적인 수식어를 남발하며 경제학을 관념적으로 분석한 책을 뜻한다.

폴 크루그먼은 기존의 경제 서적을 희화적으로 유형화하여 비아냥 댄 셈이다.

나는 여기에서 힌트를 얻어 '미국에는 세 가지 경제학이 있다.' 라고 정의했다.

그것은 바로 '뉴욕', '워싱턴 D.C.', '보스턴' 경제학이다.

우선, '뉴욕 경제학' 이란 그야말로 '업 앤 다운의 경제학' 이다.

월스트리트의 경제 분석가들은 정보 교환을 겸한 점심 식사 자리에서 다음번 점심값을 걸고 다음 주 주가의 상승 하락 여부를 점치는 내기를 한다고 한다. 그야말로 진정한 '업 앤 다운의 경제학'을 상징하는 얘기다.

그렇다면 정치의 도시인 '워싱턴 D.C. 경제학' 이란 무엇인가?

월스트리트에서 날마다 개발되는 금융 전략 혹은 경제 분석가들이 의논 중인 전략이 과연 정치적으로 실현 가능하며 의회에서 통과될 것인지 분석하고 검토하는 경제학을 가리킨다.

마지막으로 '보스턴 경제학'은 학술적인 성과를 통해 그 모습을 균형 있는 시각으로 바라보는 경제학이다.

같은 의제라도 뉴욕, 워싱턴 D.C., 보스턴에서 바라보는 관점이 전혀 다르다. 그만큼 경제학은 범위가 무한정하고 덩치가 큰 학문이다.

미래를 예견하는 것은 불가능, 천장은 높다!

경제 시장에서는 아무리 비슷해 보이는 금융 위기라 할지라도 100% 똑같은 금융 위기는 절대로 일어나지 않는다. 그만큼 경제 사회는 예측이 어렵고 '천장이 없는' 분야라는 말이다.

경제 시장에서 같은 일은 두 번 일어나지 않는다

서브프라임 모기지론 사태가 세계 경제를 강타했다. 이와 함께 리먼 쇼크(미국 거대 투자은행 리먼 브라더스가 파산 신청을 함으로써 미국 금융 위기를 촉발시키고 세계 경제에도 악영향을 끼친 사건-옮긴이)로 전 세계가 또 한 번 휘청거렸다.

누가 이런 사태를 예측할 수 있었을까?

어떤 전략가나 경제 분석가도 이 정도로 대혼란이 초래되리라고는 예상하지 못했다.

만일 예견했다는 이가 있다면 단언컨대 사건이 터진 이후이리라. 일이 있은 후에 말하는 것은 누구라도 할 수 있다.

과거를 돌이켜보면, 세상을 왈칵 뒤집어놓은 금융 위기는 10년에 한 번 주기로 발생했다.

10년 전 러시아 금융 위기가 발단이 되어 미국의 유명 헤지펀드가 파탄이 나고 세계 채권 시장이 대폭락한 사건도 있었다.

이런 점이야말로 경제의 복잡하고도 재미있는 일면이다. 사실, 경제 시장에서는 아무리 비슷해 보이는 금융 위기라 할지라도 100% 똑같은 금융 위기는 절대로 일어나지 않는다. 그만큼 경제 사회는 예측이 어렵고 '천장이 없는' 분야라는 말이다.

그러나 '천장이 없다'고 한다면, 지금 막 교과서를 읽기 시작한 대학생이든 노벨 경제학상을 받은 학자든 '미래를 가늠하기 어렵다'는 의미에서 모두 평등하다는 뜻이기도 하다.

'나는 기초 경제 지식이 없으니까…….'라며 막연한 불안감을 품지 말고 흥미가 생긴 그날부터 공부를 시작해도 결코 늦지 않다. 경제학 공부에 적절한 시기란 없다.

닉슨 쇼크로 경제에 눈을 뜨다

솔직히 나 또한 대학에 입학한 후 경제학의 까마득한 '천장의 높이'에 망연자실하고 도대체 어디서부터 공부해야 할지 도통 감을 잡기 어려웠다. 그러다가 3학년 무렵에 공부의 새로운 전기를 마련하는 계기가 찾아왔다.

바로 1971년도에 일어난 닉슨 쇼크(Nixon shock)였다. 닉슨 쇼크란 베트남 전쟁의 군사비 지출과 국내 고용 유지를 위한 재정 지출이 시급했던 미국 정부가 오랫동안 지속한 금 본위제(gold standard, 달러와 금의 교환)를 정지시키고 변동환율제(floating exchange system)를 도입한 선언을 가리킨다.

'달러는 금과 교환할 수 있다.' 는 당시의 상식을 무너뜨리고 '환율 비율이 변동한다.' 는 사실은 우리에게 커다란 충격이었다.

'20세기를 대표하는 경제학자라고 할 수 있는 밀턴 프리드먼(Milton Friedman)이 제창한 변동환율제란 경제 시장에 어떤 결과를 가져왔는가?'

'1달러=360엔의 고정제가 없어지면 달러와 엔화는 어떤 비율로 바뀌는가?'

실생활과 밀접하게 연결된 경제 문제에 장차 사회가 어떻게 변모해 나갈지 강렬한 호기심이 발동했다. 그때부터 경제 공부에 대한 의욕이 충만해지기 시작했다.

3 귀동냥과 읽고 쓰기, 일거양득의 방법

나만의 Style로 공부하라

스터디 그룹은 '읽고 쓰기'로 공부한 후에 각자 관련 지식과 의견을 교환하는 과정에서 '귀동냥' 지식까지 얻을 수 있는 일거양득의 공부법이다.

스터디 그룹이야말로 극대치의 효과를 얻는 방법

논리를 세우는 것은 단지 귀동냥으로는 턱없이 부족하다고 앞에서 강조한 바 있다. 읽고 써보면서 스스로 정리하는 작업이 필요한데, 이는 정치·경제 분야도 마찬가지로 해당된다.

가령 '원유가 상승 현상은 언제까지 지속될까?'라는 의제로 토론을 한다고 치자.

신문을 읽거나 도서관에 가서 직접 문헌을 찾아보기보다 그 방면의 전문가에게 물어보는 것이 더 편한 방법이다. 게다가 이유를 듣고 나면 대충 이해가 되는 듯하기도 하다.

그러나 '애당초 상품 선물 시장은 어떻게 움직이는가', '원유 가격 동향의 역사', 더 나아가 '거시적 관점의 세계 자본 흐름'이라는 이론을 모르면 진정한 의미를 이해했다고 보기 어렵다.

물론 귀동냥만으로 충분한 부분도 있다. '저 회사의 주식은 지금 이런 뉴스가 나오므로 올라갈 것이다.'와 같은 개별적인 정보나 사실이 여기에 해당된다. 이러한 종류라면 사람에게 듣거나 인터넷으로 조사하는 정도로 족하다.

하지만 정치·경제를 포괄적으로 배우고자 한다면 '귀동냥'과 '읽고 쓰기'의 두 가지 측면에 파고들 필요가 있다.

유럽이나 미국에서는 이미 두 가지 요소를 양립시킨 시스템이 적극적으로 활용되는 중이다. '독서 토론회'나 '스터디 그룹'이 대표적이다. 참고로 독서 토론회란 우선 과제 도서를 지정한 후 참가 인원을 모아서 책을 읽고 난 감상에 대해 서로 의견을 교환하는 스터디 그룹의 일종이다.

스터디 그룹은 '읽고 쓰기'로 공부한 후에 각자 관련 지식과 의견을 교환하는 과정에서 '귀동냥' 지식까지 얻을 수 있는 일거양득의 공부법이다.

투자에 흥미가 있는 사람은 '투자 스터디 그룹'을 만들어보자. 정치에 흥미가 있다면 '정치 연구회'도 좋다. 진행은 멤버가 교대로 맡거나 때로는 그 분야의 전문가를 게스트로 초청해 진행해보면 더욱 유익한 시간이 될 것이다. 학생이나 직장인, 혹은 연배가 되는 이들에게도 추천하고 싶은 공부법이다.

관심 분야의 관련 기사를 닥치는 대로 읽는다

문제의식을 가지고 신문을 읽어나가다 보면 자신만의 전문 분야를 발견하고 심화시킬 수 있는 계기가 된다.

같은 칼럼을 한 달 동안 꾸준히 읽어라

정치·경제를 공부하고자 할 때 대부분의 사람은 신문 읽기부터 시작한다. 그런데 신문을 읽는 일은 그리 만만한 과제가 아니다. 신문이 다루는 주제는 이른바 '천장이 없는' 내용이 대부분이다. 게다가 같은 사건은 두 번 일어나는 법이 없으므로 반복 학습이 수반되지 않아, 지금 논의되는 주제를 이해하는 것이 생각보다 까다롭다.

그래서 신입 사원뿐만 아니라 날마다 신문 읽기에 여념이 없는 과장급 간부들이 기사가 다루는 현상에 대해 얼마나 깊이 이해하는지 의문이다.

물론 신문을 읽지 말라는 뜻이 아니다. 꾸준히 읽다 보면 개요가 잡히므로 매일 읽는 습관은 권장할 만하다.

다만, 신문 기사는 하루 분도 상당한 분량이므로 구석구석 100% 정독하는 것은 무리다. 쉬지 않고 읽다 보면 오히려 활자에 파묻혀 끌려다닐 가능성이 크다.

개인적으로, 한 달 동안 같은 신문의 칼럼을 꾸준히 읽는 방법을 추천한다. 1면이나 2면이 아닌 짤막한 코너라도 상관없다. 자신이 관심 있는 특정 코너를 집중적으로 분석하는 것이 포인트다.

그러다 보면 어느새 칼럼에서 논하는 의미를 터득하게 되고 점점 자기 지식으로 쌓여간다. 이후부터는 흥미로운 방향에 따라 관련 서적을 찾아보거나 전문가에게 물어보는 식으로 지식을 심화시켜 나가면 된다. 그런 다음 신문을 읽으면 더욱 이해가 깊어져 어느새 신문 읽기 자체를 즐기는 날이 오게 된다.

최근 내 관심사는 국제적 도시 간의 경쟁이다. 그래서 내 전문 분야인 거시 경제나 재정 금융 관련 기사와 더불어 도쿄에 관한 기사가 실리면 유독 집중해서 읽는다.

과연 도쿄가 다른 국제도시를 앞지를 수 있을까? 어떻게 하면 해외 관광객에게 도쿄를 매력적인 도시로 보여줄 수 있을까? 나에게는 몹시 흥미로운 주제이다.

이처럼 문제의식을 가지고 신문을 읽어나가다 보면 자신만의 전문 분야를 발견하고 심화시킬 수 있는 계기가 된다.

5 상식에 얽매이지 말자

나만의 Style로 공부하라

고정 관념이나 상식에 얽매이지 않는 발상은 가능한 모든 관점에서 해결 방법을 찾게 되므로 그만큼 선택의 폭도 넓어진다.

'규제 때문에 안 된다'는 고정 관념

미국에서 생활할 당시 생소한 경험 중에 하나가 바로 렌터카(임대차) 시스템이었다. 전화 한 통으로 어디서든 자유롭게 차를 빌릴 수 있고 어디서나 쉽게 차를 되돌려주는 구조가 무척 효율적이었다. 아울러 24시간 영업하는 대형 슈퍼마켓을 보면서 '일본에도 이렇게 편리한 시스템이 있으면 좋을 텐데.' 라고 느꼈다.

당시 일본에서는 법적 규제가 있어서 두 가지 모두 사업화되기 어려웠다. 나는 그 점을 알고 있었지만, 분명히 머지않은 미래에 그러한 사업 아이템이 일본에서도 실현되리라 예상했다. 그리고 결국 그렇게 되었다.

이제 와서 말하면 설득력이 떨어지지만, 나는 중국이나 대만, 한국의 제조업 발전을 30년 전부터 예측했다. 당시 일본에서는 '그들은 겨우

조립만 할 수 있을 뿐 핵심적인 제조 기술은 개발하지 못한다.'라는 가치관이 지배하고 있었지만 말이다.

나는 '규제가 있으니 불가능하다.', '일본의 기술력은 누구도 따라하지 못한다.'와 같은 지극히 상식적인 발상은 하지 않는다. 오히려 '법률이 바뀐다.'라거나 '우리가 가능하다면 다른 나라도 못하리란 법은 없다.'라고 역설적으로 생각하는 편이다.

이러한 '발상'이 바로 나만의 강점이 아닐까 생각한다.

고정 관념이나 상식에 얽매이지 않는 발상은 가능한 모든 관점에서 해결 방법을 찾게 되므로 그만큼 선택의 폭도 넓어진다.

'삐딱함'은 발상력의 원천

나의 '삐딱함'이라고 할 만한 발상법에 커다란 영향을 끼친 이는 대장성(일본의 행정 기관의 하나로, 재정·통화·금융에 관한 일을 관장한다)과 오사카 대학 교수를 거쳐 현재 교토 대학에 있는 요시다 가즈오 교수다. 그는 현상을 다양한 각도로 사고하라고 강조했으며 그 자신이 앞장서서 그것을 실천했다.

이런 일화가 있다. 한창 대학생의 학력 저하가 문제되던 때, 이를 집중적으로 보도한 신문 기사를 접한 그는 이렇게 말했다.

"바보라도 대학에 입학시켜주는 풍족한 시대가 왔다는 뜻이 아닌가! 생각해보면 좋은 현상이라고 할 수 있다."

나는 '과연!' 하고 무릎을 쳤다.

조금 다른 방향으로 세상을 바라보면 실로 흥미진진하다. 예를 들어, 화제로 떠오른 식품 위생 사건은 '사원이 내부 고발을 해도 신변이 보호되는 법률이 존재하기에 가능한 사건이므로 그만큼 좋은 세상이 되었다.'고 해석할 수 있다.

사물을 입체적으로 바라보는 태도야말로 참신한 발상의 원천이다.

6 정원사의 시점에서 생각하라

뛰어난 경제학자라고 해서 꼭 뛰어난 정책을 내놓는다는 보장은 어디에도 없다.
'좋은 정원사'의 자격이 있는지는 아무도 모른다.

야구를 해본 적이 없는 사람의 야구 해설

저명한 경제학자 폴 크루그먼의 어록 중에 '정원사와 식물학자는 다르다.'라는 말이 있다.

좋은 정원을 만들려면 분명히 식물학적 지식이 필요하다. 이 토지에 어떠한 식물이 적합한가, 일광이나 수로, 비료는 어떻게 배분해야 하는가와 같은 학술적 정보가 없으면 식물을 제대로 가꾸지 못한다.

그렇다면 뛰어난 식물학자는 모두 뛰어난 정원사인가 하면 그것은 또 별개의 문제다. 즉, 정원사와 식물학자의 일은 엄연히 다르다는 이야기다.

정책과 경제학도 마찬가지다. 훌륭한 정책을 실행하는 데 경제학 지식은 필수다. 하지만 뛰어난 경제학자라고 해서 꼭 뛰어난 정책을 내놓는다는 보장은 어디에도 없다. '좋은 정원사'의 자격이 있는지는 아무도 모른다.

가끔 매스컴에 출연하는 경제 평론가들의 이야기를 듣고 있으면 당혹스러울 때가 한두 번이 아니다.

정책 실행에 관여한 적도 없는 사람들이 정책에 대해 온갖 발언을 한다. 그들은 어디까지나 '식물학자(사실 대부분은 사이비 식물학자)'이지 결코 '정원사'가 아닌데 말이다.

야구 해설이라면 어땠을까? 야구를 해본 적도 없는 사람의 해설 따위를 과연 누가 들으려 할까?

정책 평론만큼은 정책에 관여한 적도 없는 사람이 발언을 해도 되니 참으로 신기한 노릇이다. 이것이 과연 올바른 현상일까? 식물학자가 정원사 일을 그 정도로 흉내 내는 것은 명백한 잘못이다.

나는 논의에 참고가 될 만한 의견이 있을지도 모른다는 생각이 들어 그동안 소나기 같은 비판 세례에 진지하게 귀를 기울였다. 그러나 유감스럽게도 도움이 되는 의견은 거의 없었다. 대부분 감상적인 비난 일색일 뿐 구체적 대안을 제시하는 이는 아무도 없었다.

구체적인 대안 제시는 토론의 원칙

구체적인 대안이란 어떤 것일까? 최근 화제가 되는 '빈부 격차 문제'를 둘러싼 논의를 살펴보자.

가장 흔한 의견은 다음과 같다.

'고이즈미·다케나카가 밀어붙인 규제 완화로 사업의 진입 장벽이 낮아진 결과, 경쟁이 격화되어 회사의 매상이 떨어지고 많은 직원이 해고되었다. 그러므로 고이즈미·다케나카는 나쁜 놈이다…….'

물론 이것이 사실일 수도 있다. 하지만 실제로는 사회 전반적으로 매상이 올라 전체적인 고용은 증가했다. 문제는 그러한 비판 속에 '그렇다면 어떻게 하면 좋은가?' 라는 핵심 부분이 빠져 있다는 점이다.

스웨덴이나 노르웨이처럼 '강력한 정부'가 되어 사회 보장이나 복지에 충실해야 한다는 말인가? 사회 복지 국가에서는 소비세 20%가 기본이다. 소득세도 상상을 초월한다.

이를 감수하고라도 '하겠다'고 한다면 애당초 논의가 될 이유도 없다. 결국 '비판을 하려면 구체적인 대안을 제시하라.', 이것이 토론의 원칙이다.

비판의 세 가지 유형

나는 무엇보다 젊은이들이야말로 '정원사의 발상'을 하라고 강조하고 싶다. 평론가들과 태연한 얼굴로 '지당한 말씀' 만 늘어놓는 젊은이에게는 관심이 없다. 사실 비판만큼 편한 것도 없다.

오랫동안 '비판의 홍수' 속에서 살아본 결과, 비판에는 세 가지 유형이 있다는 결론에 이르렀다. 첫 번째는 '컨트레리언(Contrarian)형' 비판이다. 컨트레리언이란 무조건 반대 의견을 내는 사람을 일컫는다.

한편, 투자 세계에서는 '역발상 투자자'라고 하여 시장의 트렌드와 정반대로 행동하는 이를 가리킨다.

예를 들어 일본은행이 금리를 올리면 "중소기업이 망한다."라며 비판하고, 반대로 금리를 내리면 "연금생활자가 망한다."라고 목소리를 높인다. 또 정부가 정치 개혁을 추진하면 "시기상조다."라며 귀를 닫고, 개혁하지 않으면 "늦장을 부린다."며 날을 세운다.

무엇이든 항상 반대만 하면 되므로 아주 간단하기 이를 데 없다. 이런 건 누구나 할 수 있다.

이와 관련된 일화가 있다. 고이즈미 전 총리가 총리 재임 시절 어느 기자에게 "최고 권력자가 된 것을 실감한 때는 언제였습니까?"라는 질문을 받고 이렇게 대답했다.

"굳이 들라면 무엇을 하든 간에 비판받는 일이겠죠."

참고로 그 전날 다보스 회의(매년 스위스의 다보스에서 개최되는 '세계경제포럼' 연차총회의 통칭-옮긴이)에서 토니 블레어 영국 전 총리에게 이 이야기를 했는데 "정말 그렇다."라며 뜨거운 호응을 받았고 덕분에 분위기도 화기애애해졌다고 한다.

두 번째는 '영원한 진리형' 비판이다. 흔히 '상식적'이라고 불리는 사람 중에 이런 유형이 많다. "장기적인 시야로 봐야 한다.", "상대방 입장이 되어 생각해보라."……. 맞는 말이다. 하지만 그렇다면 무엇을 어떻게 해야 하는지에 대한 구체적인 해결책은 전혀 제시하지 않아 도무지 논의가 진전되지 않는다.

그리고 마지막은 '낙인찍기형' 비판. "다케나카는 시장 원리주의자다.", "요즘 젊은이들은 의욕 부진이다.", "누구누구는 정치에 문외한이다."와 같은 경우가 대표적이다. 이는 누가 무엇을 하든지 사전에 낙인을 찍어 논의의 싹 자체를 잘라버리는 방식이다.

세 가지 유형은 도무지 대안이 없다는 공통점이 있다. 상대방의 약점을 들춰낸 후 자신은 느긋하게 수비만 하면 그만이니 이보다 쉬운 게임이 어디 있는가? 반면에 '실행자'는 자신의 의견을 관철하고 실행까지 이끌어내며 훗날 성과에 대한 책임까지 져야 하니 실로 이만저만 고생이 아니다.

하지만 나는 젊은이들에게 진심으로 당부하고 싶다. 진정으로 도움이 되는 인간이 되고 싶다면 시련을 두려워하지 말라. 모든 고난을 겪어가는 과정을 통해 비로소 개혁을 이루는 어른으로 거듭날 수 있는 법이다. 내가 금융 재생 프로그램을 진행하면서 '금융청 금융 분야 긴급 대응 전략 프로젝트 팀'이라는 이른바 '다케나카 팀'에 참가를 부탁한 사람들 가운데 금융 전문가는 한 명도 없었다. 모두 현장 경험이 풍부한 실무자와 거시 경제 전문가였다.

7 경제는 연립 방정식으로 예측한다

나만의 Style로
공부하라

마치 도미노가 쓰러지는 듯한 연쇄 작용이 실제로 일어나기도 한다. 따라서 경제 예측에 '바람이 불면 물통 장수가 돈을 번다.' 라는 식의 방정식을 적용하는 것은 어느 정도 타당성이 있다.

바람이 불면 물통 장수가 돈을 번다

'바람이 불면 물통 장수가 돈을 번다.' 라는 속담의 유래를 아는가? 기원을 더듬어보면, 에도 시대의 우키요 조우시(에도 시대에 생겨난 근세 전기 문학의 주요한 문예 형식의 하나—옮긴이)로 거슬러 올라가는데, 대략의 줄거리는 다음과 같다.

우선 바람이 불면 흙먼지가 생긴다. 이 흙먼지가 눈에 들어가 시력을 잃는 이들이 늘어난다. 당시 맹인은 샤미센(세 줄로 된 일본 전통 현악기—옮긴이) 연주자가 되는 일이 일반적이었으므로 샤미센이 많이 팔린다. 그렇게 되면 샤미센 재료인 고양이 피부 수요가 높아져 고양이 수가 감소한다. 자연히 쥐가 많아진다. 쥐는 물통으로 쓰이는 나무를 갉아먹기 때문에 결국 물통 장수가 돈을 번다…….

마치 줄줄이 이어지는 연상 게임과도 같다.

생각해보면 일리 있는 말이다. 이런 연유로 어느 상황이 발생하면 그 상황이 돌고 돌아 의외의 현상을 초래한다는 의미로 지금도 여전히 사용되고 있다.

경제 시장에서도 '바람이 불면 물통 장수가 돈을 번다.' 는 현상이 제법 발생한다.

최근 높은 원유 가격으로 마요네즈 가격이 오른 경우가 그 대표적인 예다. 원유 가격이 올라 이를 대체할 에너지로 옥수수 등 식물을 원료로 하는 바이오에탄올이 주목받기 시작한 현상이 마요네즈 가격 상승의 발단이 되었다.

콩을 재배하던 수많은 농가가 이익 추구를 위해 옥수수로 전작한다. 콩의 공급량이 줄어들어 콩을 원료로 하는 식물성 기름 가격이 폭등한다. 덩달아 식물성 기름을 원재료로 하는 마요네즈 가격도 올라간다.

이처럼 마치 도미노가 쓰러지는 듯한 연쇄 작용이 실제로 일어나기도 한다. 따라서 경제 예측에 '바람이 불면 물통 장수가 돈을 번다.' 라는 식의 방정식을 적용하는 것은 어느 정도 타당성이 있다.

단, 주의해야 할 점은 연상되는 '방정식'이 한 가지가 아니라는 사실이다. 이것이야말로 경제를 예측할 때 반드시 유념해야 할 내용이다. 한 가지 예제를 들어 설명해보겠다.

공공사업이 늘어나면 엔화는 올라갈까, 떨어질까?

여러분에게 질문해보겠다.

'내수(국내에서의 수요)가 증가하면 수출 관련 주식을 사야 하는가, 팔아야 하는가?'

'바람이 불면 물통 장수가 돈을 번다.' 라는 방식으로 연상해보자.

내수를 지탱하는 가장 큰 요인은 공공사업이다. 공공사업이 증가하면 GDP(국내 총생산)는 증가한다. 한편, 공공사업이 활발해지면 원유 등의 수입이 증가한다. 'GDP=내수+수출-수입' 이므로 수입이 증가하면 오랜만에 국내에서 창출한 소득도 그만큼 해외로 유출되는 셈이다. 결국 일본의 경상 수지(국제 거래에서 이루어지는 경상 거래에 의한 수지)는 악화한다. 그렇게 되면 엔화는 떨어지고, 엔화 약세 현상이 나타나면 수출 관련 기업은 그만큼 엔 수출액이 높아지므로 당연히 수익을 창출한다. 따라서 내수가 증가하면 수출 관련 주식을 사야 한다는 결론이 나온다.

반면에, 다음과 같은 해석도 가능하다.

공공사업과 같은 국내 투자가 증가하면 경기가 급속히 좋아진다. 그렇게 되면 국민 소득이 증가하여 소비도 활발해진다. 기업은 국민의 소비를 겨냥해서 설비 투자를 한다. 설비 투자에는 자금이 필요하므로 은행 대출이 늘어난다. 결국 금리가 상승하고, 고금리를 노리는 다수의 투자자가 엔화 자산을 불리려 한다. 그렇게 되면 엔의 수요는 높아지고 엔을 사들이는 사람이 많아진다. 결국 엔화 가치가 높아진다. 엔화가 상승하면 수출 관련 주식은 수출액이 낮아져 매상이 떨어진다. 따라서 수출 관련 주식은 팔아야 한다.

두 가지 가설 모두 나름대로 설득력이 있다. 이처럼 같은 연상을 해도 도출된 결론은 정반대이다.

결국 경제 예측에 절대적인 정답이란 없다.

그렇다고 경제 시장을 '예측할 수 없는 카오스'라고 단정 짓긴 이르다. 앞선 예로 보자면, 전자의 상황에서는 엔화 가치가 올라가고 후자의 상황에서는 엔화 가치가 내려간다.

결국 양측의 연립 방정식이 서로 시소를 타면서 균형추가 어느 요소에 더 기우느냐에 따라 대답이 달라진다.

이것이 바로 경제다.

8 정보의 원본을 찾아라

나만의 Style로 공부하라

매스컴을 통한 2차 정보는 아무래도 작성한 이의 주관이 반영되기 마련이다. 정보의 신빙성이라는 관점에서도 매스컴 정보는 100% 신용할 만하다고 말하긴 힘들다.

모든 이에게 공개된 정보만으로 충분하다

정치나 정책을 공부하는 데 정보 수집의 중요성은 아무리 강조해도 지나치지 않다. 신문이나 잡지, 책을 읽는 것도 중요하지만 가급적이면 원본의 정보를 찾아보기 바란다.

매스컴을 통한 2차 정보는 아무래도 작성한 이의 주관이 반영되기 마련이다. 정보의 신빙성이라는 관점에서도 매스컴 정보는 100% 신용할 만하다고 말하긴 힘들다.

그래서 인용이 아닌 원본의 정보를 찾아보라는 것이다. 정확성은 물론이거니와 정보 공개법이 실행된 이래 행정 기관의 결제와 열람 문서, 의사 결정 단계에서 만들어진 문서까지 공개되었다. 이제는 누구나 인터넷을 통해 정부 관련 정보를 자유롭게 열람할 수 있다.

하지만 유감스럽게도, 정부가 공개하는 정보를 제대로 활용하는 사람은 극소수다.

유능한 실무자나 전문가는 공개되는 정보를 폭넓게 이용한다. 개인적으로 존경하는 정치학자인 소네 야스노리는 신문에는 도저히 실리지 않을 법한 색다른 정보를 수집하는 달인이다.

한번은 함께 대화를 나누다가 워낙 참신하고 재미난 이야기를 들려주기에 "그런 정보는 도대체 누구한테 들으시나요?" 하고 묻자 "이제껏 이야기한 내용의 80%는 공개 정보다."라고 대답해 깜짝 놀란 적이 있다.

유명한 미국 첩보 기관인 CIA(Central Intelligence Agency, 미국 중앙정보국)도 얼핏 풍기는 이미지는 '스파이 집단'이지만 그들 관련 정보의 70~80%는 공개 정보라고 한다.

요즘은 정부의 결정에 관련된 사안에 대해 굳이 내부자에게 캐물을 필요 없이 공개 정보만으로도 파악할 수 있는 세상이다.

실제로 경제자문회의의 의사록은 3일 후에, 일본은행의 정책심의회는 4일 후면 업데이트된다. 과거에는 상상도 못할 놀라운 인프라가 구축된 것이다. 이렇게 귀중한 정보들을 그대로 썩히기엔 너무 아깝지 않은가?

9 자신만의 관심 분야를 찾아라

자신의 코드에 맞는 책이나 자극제가 되는 친구도 중요하지만 이와 함께 생활 전반에도 뚜렷한 주관을 세우는 자세가 필요하다.

나만의 정보 보관함을 만들자

정보를 자신의 지식으로 바꾸어, 공부라는 기나긴 항해의 나침반 바늘로 만들려면 자신이 '이거다!' 라고 느낀 정보에 철저히 집중할 필요가 있다.

행정 기관의 공개 정보나 신문의 특정 칼럼, 인터넷 홈페이지 아니면 특정 작가의 책이나 논문이라도 상관없다.

여하튼 자신만의 '집중 포인트' 를 만들어 꾸준히 파고들어 보라. 그러는 와중에 머릿속에 당신만의 정보 보관함이 만들어지고 자신의 지식이 되어 간다.

덧붙이면 나는 기업의 설비 투자에 대한 지식을 습득하기 위해 데일 조겐슨(Dale Jorgenson) 하버드 대학 교수의 서베이 논문을 몇 번이나 탐독했는지 모른다. 서베이 논문이란 특정 분야에 관한 기존의 연구 논문을 모두 모아서 남은 과제와 앞으로의 발전 방향 등을 전망하는 이른바 '총정리 논문'을 뜻한다. 작성자가 그동안 축적해온 지식이 이 논문 하나에 집약돼 있으므로 운 좋게 발견한다면 '평생의 보물'이 된다.

'집중 포인트'에 도달하는 일도 중요하지만 자신의 공부에 도움이 되는 지식인을 찾는 것도 소홀해서는 안 된다. 어떻게 발견해야 할까? 이는 어느 정도 확률론에 따르므로 일단 많이 접하는 수밖에 도리가 없다.

"바보는 아무리 모여도 바보다."라는 말이 시사하듯이 영양가 없는 내용을 수십 번 정독한들 아무런 영양가도 없다는 사실은 변하지 않는다. 직감적으로 '아니다'라고 느끼면 곧바로 다음 책으로 넘어가자. 그것이 '집중 포인트'에 일찍 도달하는 지름길이다. 존경하는 선배나 자극제가 되는 동료가 요즘 무슨 책을 읽고 있는지 물어보는 것도 좋은 방법이다.

대학 연구 보고서나 사례집은 보물창고

항상 안테나를 작동시켜 유용한 주제를 찾다보면, 엄선된 필자나 저명한 학자가 쓴 서베이 논문, 행정 기관의 공개 정보가 아닌 뜻밖의 장소에서 숨겨진 보물을 발견하기도 한다. 하버드 대학에 부임하던 당시 발견한 '미국경제연구소(NBER, National Bureau of Economic

Research)'라는 연구 기관이 발행하는 보고서는 그야말로 나에게 그 같은 존재였다.

이것은 우수한 경제학자가 작성한 최신 경제 보고서인데, 그 당시에는 직접 가지러 가야 하는 수고를 감수해야 했지만 지금은 인터넷으로 손쉽게 전송받을 수 있다.

하버드 대학이나 스탠포드 대학 등 미국의 유명 대학은 인터넷을 통해 정치·경제 분야를 비롯한 다양한 정보를 제공한다. 예컨대 비즈니스 스쿨 교수가 작성한 경영 개혁의 최신 성공 사례집이 인터넷에 수시로 업데이트되어 전송받을 수 있으며(유료), 신착 정보 소식을 알려주는 메일 매거진 서비스도 제공한다.

대학 논문은 최근 유행하는 사례나 학설을 배울 수 있다는 점과 연구자의 학문적 열정을 느낄 수 있는 장점을 동시에 갖추었다.

참고로 요즘 내가 주목하는 정보원은 전일본공수 항공(ANA)에서 발행하는 〈테이크 오프(TAKE OFF)〉라는 잡지이다. 기내에 비치된 정보지인데, 국제적인 시각에서 바라본 도쿄의 거리나 세계의 저가 항공사(LCC, Low Cost Carrier)에 관한 이야기 등 시기적절한 주제가 알차게 정리돼 있어 편집자의 감각이 느껴진다. 어쩌면 내 감성과 쏙 들어맞아 후한 점수를 주는지도 모르지만 말이다.

'나와 코드가 비슷하다.'는 감각도 평생 유용한 책을 고르는 데 필수적인 요소임은 틀림없다.

의식주에도 주관을 세워라

자신의 코드에 맞는 책이나 자극제가 되는 친구도 중요하지만 이와 함께 생활 전반에도 뚜렷한 주관을 세우는 자세가 필요하다.

'주관'은 곧 선박의 '닻'이다. 닻이 있으면 인간은 생각하는 데 흔들림이 없다. 이러한 주관은 곧 자신의 정체성이 된다.

닻이 없다는 것은 자신의 중심을 잡아주는 축이 없다는 뜻이므로, 다수파에 부화뇌동하거나 잘못된 습관에 빠지거나 사이비 종교에 심취하는 등 자신의 소중한 정체성을 손실하게 된다. 이를 막기 위해서라도 사소한 부분까지 주관을 세우는 자세가 필요하다.

생활에 관련된 주관은 의욕 향상으로 연결된다. 요즘 젊은 세대들의 의욕 상실은 '저걸 먹고 싶어.'라든지 '이걸 입고 싶어.'처럼 소비 의욕을 포함한 전반적인 욕구가 부족하기 때문이라는 의견이 있는데 그것도 일리 있는 말이다.

'누구의 연극은 반드시 관람한다.', '달걀은 요오드란(일반 달걀보다 요오드 성분을 20배 함유해 부족한 영양분을 보충한 특수란—옮긴이) 아니면 안 된다.'와 같은 주관은 삶을 살아가는 기쁨이 된다. '아무거나 상관없어.'라든지 '어느 쪽이든 좋아.'라고 무기력하게 대응하는 사람에게 판단을 맡겨버린다면 도무지 부탁한 보람이 없다. 본디 젊은이라면 예민하고 섬세해야 하는 법이다.

나를 예로 들면, 아무리 바빠도 다니무라 신지(일본의 유명한 포크 가

수—옮긴이)의 콘서트는 꼭 보러 간다. 그리고 아무리 귀가가 늦거나 잠자리가 바뀌어도 자기 전에는 반드시 운동을 한다(스트레칭이나 덤벨 체조처럼 '종류'를 바꿔보면 쉽게 싫증이 나지 않는다. 지금은 라디오 체조에 빠져 있다). 그리고 낮에는 꼭 소바를 먹는다.

장관 재직 시절에 마치 꼬챙이에 꿴 바비큐마냥 장관실에 틀어박힌 일상을 보낸 탓에 살이 7kg나 찐 적이 있었다. 그렇다고 잦은 회식 자리에서 내 마음대로 저녁 메뉴를 정하기도 어려운 노릇이었다. 고심한 끝에, 유일하게 식사 메뉴를 고를 수 있는 점심을 무조건 소바로 먹기 시작했다. 그랬더니 놀라운 속도로 살이 빠져서 지금은 장관 시절보다 7kg나 더 날씬해졌다.

06
나만의 Style로
공부하라

세계에 통용되는 공부 5대 비법

> ◎ **세계에 통용되는 5대 공부 비법**
>
> 1. 경청하라
> 2. 항상 두뇌를 사용하라
> 3. 가능한 경험은 무엇이든 하라
> 4. 누구와 일할 것인가
> 5. 동료는 취사선택하라

    요즘 젊은이들은 굶어 죽을 걱정은 없는 대신에 장차 어떻게 살아갈지에 대한 비전이 없어 보인다.

    '무엇을 해야 할지 도통 모르겠다.'라거나 '실패해서 망신당하고 싶지 않다.'라고 핑계만 댈 뿐이다. 이런 사람은 성장할 가능성이 지극히 낮다.

    우선은 '나도 저렇게 되고 싶다.'라고 여길 만한 역할 모델을 찾거나 관심 있는 어학을 공부해보는 등 간단한 부분부터 첫걸음을 내딛어보자. 그 걸음이 하나하나 쌓이며 성과를 실감하게 되면 공부에 절로 흥미가 붙는다.

1 경청과 칭찬에 능숙해져라

사람들의 이야기를 듣지 않고 사람들보다 앞서나가길 기대해서는 안 된다. 내가 보기에 높은 위치에 있는 정치가는 예외 없이 경청에 능하다.

듣기는 상대의 이해 수준을 가늠하는 행위

공부의 달인은 대부분 경청에 능하다. 사람은 기본적으로 말하기 좋아하는 존재이므로 상대방이 자기 말을 잘 들어주면 가진 정보를 술술 들려주기 마련이다. 따라서 경청을 잘하는 사람은 손쉽게 귀중한 정보를 얻을 기회가 많다.

그럼에도 대다수 사람은 상상 외로 상대방의 이야기에 귀 기울이지 않는다. 대표적으로 정치가들을 들 수 있는데, 그들은 앞다투어 사람들의 이야기에 끼어들어서는 무턱대고 자기주장을 펼치느라 여념이 없다.

무릇 대화란 상대의 말을 진중히 듣는다는 전제 하에 성립된다. 특히 어떠한 의제에 관해 논하는 지적 대화라면, '이 사람은 A라는 문제에 대해서 이렇게 생각하고 있다.' 혹은 '그는 이 정도까지 파악하고 있다.' 와 같이 우선 경청을 해서 상대가 어디까지 알고 있는지 짚어보고, 그에 걸맞은 화제를 적합한 표현으로 말하는 것이 바람직하다. 지적 대화에서 '경청' 이란 상대의 이해 수준을 가늠하는, 다시 말해 자신의 논리 체계 안에서 상대의 위치를 자리매김하는 행위이다.

그럼에도 누구보다 지적 대화가 필요한 정치가들 대다수에게 경청하는 능력이 부족하다는 사실은 참으로 모순이 아닐 수 없다.

사람들의 이야기를 듣지 않고 사람들보다 앞서나가길 기대해서는 안 된다. 내가 보기에 높은 위치에 있는 정치가는 예외 없이 경청에 능하다. 고(故) 오부치 게이조 전 총리를 비롯하여 고이즈미 준이치로 전 총리도 마찬가지다.

특히 고이즈미 전 총리의 '경청 기술' 은 매우 인상적이다. 그는 중대한 이야기를 들을 때는 절대 맞장구치는 법 없이 묵묵히 눈을 감고 듣는 습관이 있다.

그만큼 온 신경을 집중한다는 뜻이다. 마지막까지 듣고 나서 "말씀하신 내용은 즉, 이러한 의미입니까?"라고 다시금 확인한다. 그러고는 "감사합니다."라고 말하고 자리에서 물러난 다음 재차 심사숙고하면서 최후에 결단을 내린다.

그는 두뇌의 논리 체계를 가동시켜 귀로 입력된 정보를 재구성하고 자신의 언어로 정리하는 과정을 거쳤던 것이 아닐까? 이러한 사고 단계가 있었기에 깊은 통찰을 거친 판단이 가능했으리라.

이처럼 '경청'은 올바른 판단을 내리기 위해서 필수불가결한 태도이다.

의욕을 고취시키는 칭찬의 비법

경청과 함께 칭찬에도 능숙해질 필요가 있다. 특히 교육에서 칭찬이나 격려의 힘은 가히 절대적이다. 인간이란 누군가가 자신을 치켜세우면 없던 능력까지 발휘하는 존재다. 나 역시 칭찬으로 성적을 끌어올렸다.

앞서 언급했지만 초등학교 저학년까지 나는 성적이 반에서 중간 정도인 그저 그런 학생이었다. 당시에는 공부의 필요성을 전혀 느끼지 못했고 수업 중에 손을 드는 일도 결코 없었다. 괜히 틀리기라도 해서 창피를 당할까봐 두려웠기 때문이다.

그렇게 소심하던 내가 새로운 전기를 맞이한 것은 초등학교 3학년 때였다. 가쿠타니라는 멋진 스승을 만난 것이다. 남자답고 유쾌한 가쿠타니 선생님은 수업보다는 학생들과 함께 운동장을 누비며 그야말로 '즐겁게 놀기'를 가르친 호탕한 분이었다.

어느 때와 다름없이 운동장을 달리는데 선생님이 나에게 다가와 "다케나카 군, 너는 재미있게 말하는 재주가 있으니 사람들 앞에 나서서 너의 장점을 뽐내보렴." 하고 말했다.

그 순간 나는 정신이 번쩍 들었다. 선생님의 그 한마디로 나는 적극적이고 당당한 학생으로 변해갔다. 나는 처음으로 공부에 도전했고 성적은 하루가 다르게 향상되어 갔다.

아울러 초등학교 5, 6학년 때 담임이었던 구마자와 선생님도 공부의 즐거움을 가르쳐준 은사님이다. 선생님은 그야말로 학생들에게 의욕을 불러일으키는 데 천재였다.

"스스로 공부한 내용이 있으면 언제든지 나에게 가져오도록."라고 말하며 학생들이 가져온 성과물을 일일이 확인해 주고 마지막에는 언제나 '정말 잘했어요.' 라는 도장을 찍어주었다. 나는 그 도장을 받는 것이 너무나 기뻐서 용기를 내어 매일 참고서 내용을 적은 노트를 선생님에게 확인받았다. 돌이켜 생각해보면 기껏해야 참고서에 나온 내용을 베낀 것에 불과한데도, 선생님은 책상에 앉아 공부했다는 사실을 칭찬해주었다. 덕분에 나는 매일 책상에 앉는 습관이 생겼다.

덧붙여 구마자와 선생님은 내가 참의원 의원으로 당선되었을 때, 친히 연설회장에 참석하여 예전처럼 나를 격려해주었다. 두 분 모두 평생에 소중한 은사님들이다.

공부의 달인은 자신을 자극할 줄 아는 사람

마라톤 선수 아리모리 유코의 명언 '스스로 자신을 칭찬하라.' 처럼 공부를 지속해나가기 위해서는 'self motivate', 즉 스스로를 자극시키는 자세가 필요하다.

일반적으로 업무나 공부에 능통한 사람은 에너지가 왕성하다(지나치게 왕성해 곤란한 정치가도 있지만). 그들의 왕성한 에너지는 태생적인가 하면, 꼭 그렇지만도 않다.

누구라도 위기 상황에 맞닥뜨리면 좌절감을 느끼기 마련이다. 바로 그때, 자기 앞에 놓인 장애물을 극복해나가려는 의지가 있는지 없는지가 바로 '성공하는 사람'과 '도태되는 사람'의 차이다.

'성공하는 사람'은 위기를 극복하고 앞으로 나아가려는 의지력만큼 '자신을 자극하는 힘', 즉 '스스로 자신을 칭찬하는 힘'이 크다.

'분수를 모르는' 교육

'돼지도 칭찬받으면 나무 위에 올라간다.'는 속담을 나 자신도 경험했기에 학생들을 가르치는 입장이 된 지금은 날마다 '칭찬 릴레이'를 펼치고 있다.

정성스레 리포트를 써온 학생에게는 "정말 대단하네, 내가 자네 땐 이 정도 리포트는 꿈도 못 꾸었네."라고 칭찬해준다. 그 학생은 분명히 다음번에는 더욱 공들인 리포트를 써온다.

미국의 유명 학자들이 "사토우 교수를 만나고 싶다."라며 교수처에 편지를 보내는 해프닝이 생길 만큼 수준급 실력을 갖추게 된 학생도 있다(설마 학생이라고는 생각하지 못하고 교수로 착각한 것이다).

거듭 강조하지만 교육의 본질은 '격려(encouragement)'이다. 그런데 일본은 거꾸로 '낙담(discouragement)', 다시 말해 의욕을 꺾어버리는 시스템에 가깝다.

일본에서는 "분수를 알라."는 말을 자주 쓴다. 이는 '100% 능력을 발휘하지 말라.'는 뜻과 다를 바 없다. 다소 극단적으로 말하자면 '모난 돌은 깎아버려라.'라고 압박하는 것이다. 이것이야말로 젊은 세대의 싹을 잘라버리라는 말이 아니고 무엇인가?

반면에 미국의 교육 정신에는 '격려'의 정신이 깊숙이 뿌리내려 있다. 미국에서 생활할 당시 딸아이가 다니는 초등학교를 방문했을 때 나는 이 사실을 뼈저리게 느꼈다.

한번은 초등학생 딸의 담임이 우리 부부에게 면담을 요청한 적이 있다. 일본에서는 보통 자식의 담임에게 호출을 받으면 아이가 무슨 잘못을 저질렀나 하고 걱정부터 앞서기 마련이다.

하지만 미국에서는 정반대였다. 딸이 그림을 조금 잘 그렸다는 이유로(사실, 그다지 대단한 수준도 아니었다) 딸을 예술 계열 학교에 진학시키라며 적극 권했다.

혹은 수학이나 이과 과목에서 좋은 점수를 받으면 과학 영재 학교에 보낼 생각이 없느냐며 또 부모를 부른다. 이처럼 미국에서 담임이 '부모를 호출하는 것'은 아주 자랑스러운 일이다.

참고로 미국에는 초등학교에서도 표창 제도가 있다. '최우수 성적' 같은 상만이 아니라 학교 미화에 협력했거나 운동을 열심히 했거나 사람에게 좋은 영향을 끼치는 등 생각지도 못할 일에 하나하나 상을 주며 칭찬한다. 실로 미국은 나라 전체가 칭찬에 능숙하다.

나는 이 '격려' 정신을 본받아야 한다고 생각한다. 무릇 교육이란 '저걸 하지 마라.', '이건 위험하다.' 등으로 가득 찬 부정적인 내용이 아니라 '이렇게 하자.', '저걸 하자.'라며 긍정적인 내용을 가르치는 장소가 아닌가?

라이벌끼리 칭찬해주기

칭찬에 능숙해져야 할 이들은 비단 학생을 가르치는 선생님만이 아니다. 동료들 사이에서도 서로 자주 칭찬하고 격려하면 공부에 큰 촉매제가 된다.

수학자인 후지와라 마사히코는 "수학자는 고독한 직업이라 남이 칭찬이나 격려를 해주지 않으면 공부를 지속해나갈 의지를 상실한다."라고까지 말한 적이 있다.

그런 연유인지 모르지만, 수학자들은 국내외에서 열리는 각종 학회에 다른 학자들보다 적극적으로 참가한다고 한다. 그리고 각자 준비해 온 발표 내용에 격려를 아끼지 않는다.

아울러 후지와라는 이렇게 덧붙였다.

"학회에 참석하는 것은 다른 사람들이 어떤 연구를 하는지 궁금하기보다 자신이 응원이나 칭찬의 말을 듣고 싶기 때문이다. 그것이 없다면 많은 수학자가 연구를 포기했을지도 모른다."

과연 일리 있는 말이다.

어떤 분야든 공부란 고독한 작업이다. 그럴 때 동료 간의 지지와 격려가 막막한 고독감을 구원해주는 처방전이 된다.

2 '두뇌 체조'를 생활화하자

나만의 Style로 공부하라

흩어져 있는 단편적 지식이나 정보를 연결하려면 무언가 자극이 필요하다. 그 자극이란 평소에도 끊임없이 생각하는 습관을 들이는 것, 이른바 '두뇌 체조'이다.

산재된 지식을 이어주는 사고 트레이닝

공부의 성과는 하루아침에 나오지 않는다. 그렇다면 공부한 내용이 효과를 내기 시작하는 때는 언제일까?

'머릿속에 어지럽게 산재된 지식과 정보가 선으로 이어지고, 그 선과 선이 얽혀서 밧줄이 되어 입체적인 형태로 발전해나간다……'

내가 상상하는 공부의 성과란 대강 이런 이미지이다.

그런데 곳곳에 흩어져 있는 단편적 지식이나 정보를 연결하려면 무언가 자극이 필요하다. 그 자극이란 평소에도 끊임없이 생각하는 습관을 들이는 것, 이른바 '두뇌 체조'이다.

뒤집어 생각해보면, 아무리 끊임없이 지식을 채워도 '생각하는 작업'을 게을리하면 체계적인 지식이 되지 못한다.

존경하는 경제학자인 시모무라 오사무 선배는 패전 후 일본 경제가 황무지처럼 척박하던 시절에 "일본 GDP는 서독과 비슷해질 것이다."라고 발언하여 당시 기자들을 깜짝 놀라게 했던 장본인이다.

예전에 그와 경제에 대해 의견을 나눌 기회가 있었다. 그는 1910년 태생의 상당한 고령. 아무리 전문가라고 해도 '미국의 최신 경제 이론까지는 알지 못하리라.'라고 내심 자만하고 있었다. 그러나 이는 엄청난 착각이었다.

당시 '합리적 기대 형성'이라고 불리는 시장 경제 원리의 자율성을 설명하는 새로운 패러다임이 유행하고 있었는데, 이 학설에 영향을 받은 나는 이에 관해 의기양양하게 설명해나갔다.

그러자 잠자코 듣고 있던 그는 "다케나카 군, 그건 말이지. 지금까지의 예측을 확률 모델로 바꾼 것에 지나지 않는다네."라고 가볍게 응수했다.

지금 생각해보니 과연 그가 말한 그대로였다.

지식을 쌓으려면 점과 점을 연결하여 선을 이루고, 선과 선을 이어서 공간을 만드는 일련의 작업이 필요하다. 시모무라 선배와 같은 천재들은 점을 향한 순간에 이미 공간까지 도달해버린다. 나 같은 범인은 그저 경의를 표할 따름이다.

그가 그토록 대범한 통찰력을 가진 것이 그가 천재이기 때문일까? 그것만은 아니라고 본다.

그는 평소에 '그것의 의미는 이러한 뜻이다.'라든가 '저것과 이것은 이러한 상관관계가 있다.'라는 이른바 '점과 점, 선과 선을 잇는 사고 습관'이 몸에 배어 있었다. 이에 더하여 머릿속에 몇 가지 지식 체계를 항상 갖추고 있었기에 언제라도 자신의 의견을 거침없이 말할 수 있었으리라.

고이즈미 전 총리는 '두뇌 체조'의 달인

회상해보면, 고이즈미 전 총리도 '두뇌 체조'에 일가견이 있었다. 그가 매스컴의 비판이나 국회의 심문을 일격에 받아치는 묘기는 가히 프로급으로, 곁에서 지켜본 나도 절로 감탄사가 나올 정도였다.

다음과 같은 일화가 있다. "지난번 반격은 정말 대단했습니다."라고 말을 건네자, 그는 "아, 그건 말이지. 스모에서 처음 맞붙는 순간과도 같다네."라고 담담한 어조로 말하면서 "스모 시합은 처음에 막 준비 자세에서 일어나려는 순간에는 '오른쪽으로 돌아서 상대방의 팔 위를 잡아야지, 그 다음에 왼손을 잡아서 밖으로 밀어내야지' 같은 생각을 할 여유 따위는 없거든."이라고 덧붙였다.

반격은 '순간의 판단'이라는 의미일 터. 나는 깊이 동감했다.

순간의 반격이란, 머릿속에 흩어진 지식이나 정보를 재배열하는 과정이다. 만일 평소에 두뇌 체조를 습관화하고 있지 않다면 몇 초 안에 그 모든 과정을 끝마칠 수 없을 것이다.

고이즈미 전 총리는 취미인 가부키(에도 시대부터 이어져 내려온 일본의 전통적인 고전 연극-옮긴이)를 보거나 역사 소설을 읽을 때조차 두뇌 활동을 쉬는 법이 없었다. 이러한 한결같은 노력이 있었기에 절묘한 순발력이 가능했다고 본다.

논문의 주제를 정했다면 이미 절반은 완성된 것

'쓰기'야 말로 '두뇌 체조'를 습관화하는 데 효과적인 방법이라고 할 수 있다. 사실 '쓰기'는 생각만큼 쉬운 일이 아니다. 우선 주제가 필요하다. 그런데 주제를 결정하는 일은 생각보다 까다롭다. 이 주제를 지금 논하는 배경은 무엇인가, 어떠한 분석이 가능하며 결론은 무엇인가와 같은 일련의 과정을 꼼꼼히 체크해야 하기 때문이다.

주제를 선정하는 과정은 그야말로 머릿속에서 점과 점을 이어 선을 만들고, 선과 선을 연결하여 입체적인 공간으로 확장해가는 작업이라고 할 수 있다. 더군다나 탁월한 문장력이 아닌 주제의 참신성과 논리의 정밀성으로 승부해야 하는 논문과 같은 경우에는 이 같은 사고 과정이 성패를 가늠하는 잣대가 된다.

내가 대학 졸업 논문을 쓰던 당시 담당 교수였던 야마자와 이페이 선생님은 다음과 같이 말씀하셨다.

"다케나카 군, 무엇을 쓸지 정했다면 논문이 이미 절반은 완성된 것이나 마찬가지라네."

이를 위해서는 평소에 꾸준히 사고 훈련을 해두어야 한다.

3 가능한 한 폭넓은 경험을 쌓아라!

젊은 세대는 30대 이후의 내 성과만을 보고 판단한다. 그러나 내가 이루어온 성과는 20대 시절 경험한 '잡용 업무'가 뒷받침되었기에 가능했다는 점을 잊어서는 안 된다.

이삿짐 보조에서 등유 보충까지

젊은 세대에게 특히 당부하고 싶다. 오직 젊을 때만 할 수 있는 일이 있다. 나이가 들면 하고 싶어도 하지 못한다. 그러므로 젊을 때 가능한 한 다양한 경험을 쌓자. 내가 이 시대 젊은이들에게 던지는 간절한 조언이다.

그들은 내가 '엘리트 코스만 밟아온 도련님' 쯤으로 보이는 모양이다. 당치도 않다. 20대에는 은행 지방 지점 총무부에 근무하면서 다른 직원의 이사 준비부터 친척의 장례식 조의금 계산에 이르기까지 온갖 잡일을 도맡았다.

나는 1973년 대학을 졸업한 후 일본개발은행에 입사했다. 대학 시절 경제학 공부에 몰두했고 경제학에 기반을 둔 'for the public', 즉 세상에 도움이 되는 사람이 되리라 다짐했기 때문이다. 지방 경제의 재생이나 공공 융자, 중소기업 지원 등을 담당하는 일본개발은행이야말로 나의 목표에 딱 들어맞는 조직이라 여겼다.

대학을 갓 졸업한 신입 사원은 입사 후 2년 동안 본점의 융자 파트에서 교육을 받고 각 지점으로 발령받아 융자 영업을 담당하는 것이 일반적인 절차였다. 그런데 내가 가나자와 지점에서 배속된 부서는 다름 아닌 총무과였다.

총무과 업무는 지루하기 짝이 없었다. 각종 허드렛일까지 업무에 포함돼 있어서 사원 전용 주택에 사는 지점장 사모님이 "등유가 떨어졌다."고 호출하면 당장 달려가 보충해야 했다. 뿐만 아니라 도야마 지점에 의자가 부족하다고 하면 트럭을 준비해 의자를 공수했고, 부서 이동 시에는 이삿짐센터 직원으로 변신해 종이 박스를 나르기도 했다. 온종일 직원들 월급봉투에 돈을 집어넣기만 한 적도 있었다.

만일 내가 대도시의 엘리트 가정에서 곱게 자란 도련님이었다면 '왜 내가 이 따위 잡일을 해야 해!' 라며 불만을 터트렸을지도 모른다.

하지만 나는 와카야마 출신의 촌사람이다. 트럭을 몰고 이사를 돕거나 상사 저택에 등유를 보충해주는 일 따위는 아무렇지도 않았다.

오히려 당시의 경험은 나에게 커다란 인생 공부가 되었다.

지역의 등유업자 사장과 안면을 터서 넉살 좋게 비품 가격을 깎는 재주야말로 세상을 사는 '지혜'가 아닌가? 젊은 시절에 터득한 세상 이치는 나만의 강점이라고 생각한다.

젊은이여, 서둘러 회사를 그만두지 마라

'만일'로 시작하는 이야기는 그다지 설득력이 없지만, 그럼에도 만일 내가 그 당시 '부서의 꽃'으로 불리던 영업과에 배속되었다면 지금쯤 무슨 일을 하고 있을까? 아마도 '영업 세계'에 투신하여 영업 과장, 영업 부장이 되기 위해 고군분투했으리라.

그러나 나는 운 좋게도(?) 총무과로 발령받았다. 그리고 그곳에서 뜻밖에 '세계는 넓다.', '사람의 인생은 가지가지다.'라는 진리를 배웠다. 그러한 경험이 있기에 30대가 되어서 위험을 감수하고 적극적으로 다양한 이력을 쌓아나갈 수 있었다고 본다.

그런데도 젊은 세대는 30대 이후의 내 성과만을 보고 판단한다. 그러나 내가 이루어온 성과는 20대 시절 경험한 '잡용 업무'가 뒷받침되었기에 가능했다는 점을 잊어서는 안 된다.

최근에는 '3년 30%의 법칙'이라고 해서 입사한 지 3년 안에 사표를 쓰는 신입 사원이 30%라는 현상이 발생하고 있다. '잡일 따위 더는 못하겠다.'라든지 '이 회사에 있어봤자 득 될 것이 없다.', '내가 진정 하고 싶은 일이 아니다.'와 같은 이유가 대부분이다. 참으로 안타깝기 그지없다.

스스로 하고 싶은 일이 명확하여 그 목표를 위해 이직하는 것은 물론 상관없다. 그러나 앞서 말했듯이 시시하다고 생각되는 잡일이야말로 세상을 경험하는 절호의 찬스다. '역발상'으로 말하자면, 장차 그런 경험은 두 번 다시 오지 않는다. 어째서 그 귀한 기회를 스스로 차 버리는가?

잡일에 능한 사람이야말로 어느 부서에 데려다 놓아도 업무를 수행할 호환성이 높다는 사실을 많은 이가 간과하고 있다.

오히려 처음부터 인기 있는 부서에 배치되면 좁은 세상에 갇힌 나머지 결과적으로 한 가지 업무밖에 못하는 인간이 되어버릴 위험성도 있다. 한 가지밖에 해내지 못하는 인간은 리스크를 감당할 자질이 부족하다.

반복해서 말하지만, 싫은 일을 억지로 하라는 말이 아니다. 그러나 싫은 일이라 하더라도 장래에 피가 되고 살이 되는 업무도 있다. 한 번쯤은 이러한 역발상도 필요하다.

미래의 손익은 아무도 모른다

자랑은 아니지만, 일생에 평균 여섯 번은 이직한다는 미국인조차 내가 직장을 자주 바꾼다며 감탄한 적이 있다.

나는 은행에서 경제 조사 업무를 하던 시기도 있었고, 관공서에서 경제 분석가로 근무한 적도 있다. 또한 미국이나 일본의 대학에서 경제학을 가르쳤고 정치계에 데뷔해 장관까지 해봤다.

하지만 내 입장에서 보면 직장을 바꿨다는 인식이 거의 없다. 그저 대학을 졸업한 이후에 '경제'라는 일관된 축을 바탕으로 일터를 잠시

변경한 것에 지나지 않는다. 각 직장마다 월급을 주는 이가 달랐을 뿐이다. 거창하게 들리겠지만, 더 좋은 세상과 경제를 만들고 싶다는 다짐으로 여기까지에 이르렀다.

그럼에도 사람들은 내가 항상 위험을 자처한다고 생각하는 듯하다(그다지 자청해서 위험을 떠맡은 적은 없으나). 만일 그런 부분이 있다면 내가 기본적으로 "인생에는 한 가지 길만 있는 것이 아니라 여러 가지 다른 방식이 있다."라는 가치관을 세웠기 때문이리라.

나는 보람을 느낄 만한 업무를 의뢰받으면 망설이지 않고 승낙한다.

하버드 대학에서 수업을 맡아달라는 부탁을 받았을 때도 당시 오사카 대학에서 경제학을 가르치고 있었지만 조금도 주저하지 않았다. 경력을 쌓아나가는 데 연금, 수입 등 장래의 손익 계산은 따지지 않았다. 오직 '지금 무엇을 해야 하는가.'를 최우선으로 고려했다.

10년, 20년 앞의 경제가 예측 불가능하듯이 나의 미래를 정확히 예측한다는 것은 하늘의 별따기보다 어렵다.

손익 계산에 집착하지 않은 덕분에 진심으로 일하는 보람을 느낄 수 있는 직업을 얻을 수 있었다.

젊은 세대에게 당부하고 싶다. 앞일은 아무도 모른다. 여러분은 지금 하고 싶은 일을 선택하면 된다.

4 누구와 일할 것인가

회사는 자신을 성장시키는 사람과 만나는 절호의 장소이다. 좋은 멘토를 만날 수 있는지 여부는 어떤 회사를 선택하느냐와 업무 환경에 임하는 자신의 태도에 달렸다.

직장은 자신을 성장시켜줄 사람을 만나는 장소

직업을 고르는 데 또 다른 포인트는 '무슨 일을 하는가.'의 업무 내용보다 '누구와 일하는가.', 즉 회사 직원들의 수준이다.

제4장에서 '배우는 것은 흉내 내는 것'이라고 말한 바 있다. 닮고 싶은 역할 모델이 있다면 그의 업무 처리를 어깨너머로 보며 흉내 내라. 유능한 사원이 되고 싶다면 유능한 사람의 일 처리를 배우는 것이 무엇보다 효과적이다.

그러므로 회사나 직장을 고를 때는 우선적으로 '어떤 사람들이 있는가.'를 주의 깊게 살펴보기 바란다. '나도 저렇게 되고 싶다.'라고 여길 만한 상대가 있다면 더 고민할 이유가 없다.

사람에 따라 '이상형'은 제각각이므로 '이상적인 직장'도 사람에 따라 달라질 터이다. 단, 쓸데없이 목에 힘주며 군기를 잡는 인간이 많은 직장만은 피하는 것이 상책이다. 경험에서 우러나온 충고인데, 그런 종류의 인간이 좋은 역할 모델이 되었다는 선례는 지금껏 들어본 바가 없다. 최근에는 신입 사원의 업무 적응과 능력 향상을 지원하기 위해 업무에 대한 풍부한 지식과 경험이 있는 상사가 자신의 담당 사원을 지도하고 코치하는 '멘토 제도'를 실시하는 회사가 많으므로, 가고자 하는 회사에 어떤 멘토 제도가 있는지 구체적으로 찾아보자.

만일 '우리 회사에는 존경할 만한 이가 단 한 명도 없다.'는 절망적인 상황이라면 이직을 고려하거나 다른 부서로 이동을 신청하는 방법도 고려할 만하다.

나는 운이 좋았던 덕분에 일본개발은행 입사 1년 차에 새로운 부서로 발령받은 첫날, 옆자리에 앉았던 두 선배와 지금까지도 변함없는 돈독한 친분을 쌓고 있다.

두 선배는 직장인으로서 갖춰야 할 마음가짐은 물론이고 은행원 업무의 기본을 가르쳐주었다. 훗날 내가 선거에 입후보하여 정치가가 되고 장관으로 임명되었을 때도 변함없이 격려를 아끼지 않았으니 나는 인복은 타고난 듯하다.

회사는 자신을 성장시키는 사람과 만나는 절호의 장소이다. 좋은 멘토를 만날 수 있는지 여부는 어떤 회사를 선택하느냐와 업무 환경에 임하는 자신의 태도에 달렸다. 회사를 간판 같은 외양만으로 선택한다면 좋은 사람을 만날 가능성은 작아질 뿐이다.

새는 역풍 속에서 비상한다

"새는 역풍 속에서 비상한다."

내가 정치계에 발을 들여놓은 후 혹독한 공격을 받을 당시에 나의 오랜 벗인 가수 다니무라 신지가 해준 말이다. 새는 역풍 덕분에 공중 부양력이 더욱 강해져 상공을 높이 날아오를 수 있다는 뜻이다.

인간 세상도 같은 이치다. 무난하게 뒤에서 불어오는 바람만 타면 그저 주위 흐름에 이리저리 휘둘릴 뿐 스스로 비상할 에너지를 쌓지는 못한다.

역풍에 맞서려면 '나는 할 수 있다.'며 자신감을 불어넣는 강인한 정신력이 필요하다.

그럴 때 든든한 힘이 되는 것은 동지들의 존재이다. 단, "바람이 거세니 그만두어라."라고 말하는 이가 있다면 동지 목록에서 제외하자. 반면에 "You can do it!"이라고 용기를 북돋아주는 긍정적인 태도의 인물이야말로 진정한 동지임을 기억하기 바란다.

사람을 사귀려면 긍정적인 사람을 사귀어야 한다

내 지인 중에 긍정적인 태도의 최고봉이라 할 만한 인물이 있다. 어느 도시 은행의 중역을 역임하던 그는 불량 채권 처리 문제로 파김치가 된 심신을 등산으로 다독이며 69세라는 나이에 무려 히말라야고교피크(히말라야의 대표적 등반 코스 중 하나, 5483m-옮긴이)까지 등반했다. 그저 놀라울 따름이다.

그에게는 긍정 에너지가 흘러넘친다. 그의 주변 사람들은 마음이 괴로울 때면 어김없이 그에게 전화를 건다고 하는데 수긍이 가고도 남는다. 긍정적인 사람에게는 신기하리만치 인간을 치유하는 에너지가 있어서 이러한 기를 받으려는 사람이 주위에 모여들고, 결국 그 사람의 주위에는 긍정적인 사람로 가득 차게 된다.

반대로, 부정적인 에너지를 발산하는 사람은 부정적인 사람들과 똘똘 뭉친다. 푸념만 하면서 상처를 되새기기만 하면 '비상하는 부양력'은 절대 생기지 않는다.

사람을 사귀려면 긍정적인 사람을 사귀어야 한다.

5 모든 사람과 사이좋게 지낼 필요는 없다

나만의 Style로
공부하라

'누구와도 사이좋게 지내라.' 라는 말은 한창 크는 아이들에게나 필요한 조언일 뿐 어른의 세계에서는 통용되지 않는다. 'Give & Take'는 인간관계의 기본이다. 자신에게 아무런 도움이 되지 않는 친구라면 '좋은 의미의 배타성'을 발휘할 필요가 있다.

인간관계는 'Give & Take'

'exclusive' 라는 영어 단어의 뜻을 아는가? 사전을 보면 '한정적인', '독점하는', '특권적인' 이라는 의미가 나온다. 실제로 이 단어가 사용되는 경우를 보면, '한정 세일(Exclusive Sale)', '회원제 클럽(Exclusive Club)' 처럼 '당신만을 특별히 우대합니다.' 라는 뉘앙스가 담겨 있다. 한마디로 '좋은 의미의 배타성'에 가까운 개념이다.

뜬금없이 'exclusive'의 의미에 대해 장황하게 설명하는 이유는 공부 동료나 라이벌은 이러한 'exclusive'의 관점에서 선택해야 하기 때문이다.

이렇게 얘기하면 인간관계까지 냉정하게 계산하려 든다며 비난하는 독자가 있을지 모르겠다. 그러나 이 같은 오해를 감수해서라도 강조하자면, 인간의 시간이란 결코 무한하지 않다.

쓸데없는 수다나 한탄 따위로 시간을 허비하면 당연히 공부에 아무런 보탬이 되지 않는다. 자신의 실력을 향상시키는 데 걸림돌이 될 뿐이다.

'누구와도 사이좋게 지내라.'라는 말은 한창 크는 아이들에게나 필요한 조언일 뿐 어른의 세계에서는 통용되지 않는다.

'Give & Take'는 인간관계의 기본이다.

자신에게 아무런 도움이 되지 않는 친구라면 '좋은 의미의 배타성'을 발휘할 필요가 있다.

정보가 있는 곳에 힘이 모인다

현재의 정보화 사회에서는 정보를 가진 자가 힘이 있다. 그렇다면 정보는 어디로 모이는가? 바로 힘이 있는 자에게 모인다. 이러한 맥락에서 'exclusive'한 동료들과 의기투합하여 정보를 얻고자 협력한다면 큰 효과를 볼 수 있다.

회사 동료나 학교 친구들과 스터디 그룹을 결성해도 좋다. 'exclusive'한 동료 간에 서로 정보를 공유하면 공부 효과와 더불어 연대감도 강해진다.

최후의 승자는 '뜻'을 품은 자

앞서 정보를 공유하는 그룹을 결성하라고 추천했는데, 같은 업종의 멤버만으로 자리를 채우면 그다지 실속이 없다.

'exclusive'한 동료들의 관계를 공고히 해주는 연결 고리는 같은 분야에서 일한다는 동질감에서 오는 것이 아니다. '더욱 좋은 세상으로 만들고 싶다.', '일찍이 없던 일을 이루어내고 싶다.'처럼 서로 같은 '뜻'을 품었는가에 달려 있다.

현재 일본 정부가 정책 수립을 위해 불러들인 전문가로 구성된 정부 위원들은 단지 엇비슷한 사람들을 모은 구색 맞추기에 불과할 뿐 정작 핵심적인 뜻이 없으므로 언제든 무너질 소지가 높다.

혁신을 일으킬 수 있는가, 개혁이 가능한가는 결국 뜻이 있느냐로 판가름난다.

다시 한 번 강조하지만, 앞으로 열심히 공부해서 자신을 성장시키고 싶다면 부디 '높은 이상의 네트워크'를 만들어나가길 바란다.

'높은 이상의 네트워크'란 개인적인 출세가 아닌 사회 발전에 기여하겠다는 뜻을 공유하는 동료들과 의견을 교환하고 실력을 쌓으며 함께 성장해나가는 조직을 의미한다.

이러한 네트워크를 형성하면 동료 간에 선의의 라이벌 의식을 갖추고 서로 자극하고 격려하며 용기를 북돋아주는 '지원자'가 된다.

단 '높은 이상의 네트워크'에는 각 개인의 자립이 전제되어야 한다. 자립하지 못한 사람의 모임은 무의미한 '군중'에 지나지 않는다.

후쿠자와 유키치(메이지 시대의 계몽 사상가이자 교육가로 일본의 근대화에 기여한 대표적 개화파 지식인—옮긴이)가 말한 대로 '한 사람 한 사람의 독립이 곧 국가의 독립'임을 잊지 말자. 공부를 통해 자신을 단련하는 것이 모든 실천의 첫걸음이다.

| 맺는말 |

도대체 무엇을 어떻게 공부하면 좋을까?

'공부를 못하면 훌륭한 어른이 될 수 없다!' 누구나 어린 시절에 이런 지적을 받은 경험이 있을 것이다. 그후로 우리는 얼마나 공부를 해왔을까? 우리가 모르는 사이에 세계정세와 지식 분야는 엄청난 기세로 변화를 거듭하고 있다.

도대체 무엇을 어떻게 공부하면 좋을까? 누구라도 그런 고민은 한번쯤 해봤으리라. 나도 예외는 아니었다. 항상 이에 대해 고민해왔고 수많은 실패를 겪었다. 이 책에는 '공부'라는 인생의 중요한 과제에 대해 내 자신이 겪은 시행착오(그 덕분에 얻은 소중한 방법)가 고스란히 담겨 있다.

공부하라고 말하는 것은 쉽지만, 구체적으로 무엇을 어떻게 해야 하는지 물어보면, 명확히 대답해줄 수 있는 이는 그다지 많지 않다. 인터넷, 금융공학, 환경 문제는 최근 10년 사이 새롭게 각광받기 시작한 분야다. 영어나 부기, 회계학은 이전부터 주목받은 학문이었지만 요즘 들어 그 중요성이 더욱 커지는 추세다. 여기에 추가로 요구되는 기술(영어는 회화, 회계는 시가주의회계 등)도 점점 세분화되어 간다. 이렇듯 우리가 공부해야 할 분야는 점점 방대해진다.

또한, 문학·역사·음악·회화 등 인생을 풍요롭게 살기 위한 공부도 소홀히 해서는 안 된다. 나이를 먹어가면서 고전 작품을 읽거나 전통 예능을 음미해보는 일도 중요한 인생 공부가 된다.

앞서 공부에는 '천장이 있는 공부'와 '천장이 없는 공부'가 있다고 이야기한 바 있다. 막연히 '무엇을 어떻게 공부하면 좋을지 모르겠다.'라고 고민하기 전에 자신에게 어떤 종류의 공부가 필요한지 면밀히 따져보기 바란다. 일단 목표를 정하고 나면 그에 알맞은 방법을 선택하기만 하면 된다. 《다케나카식 공부법》은 바로 이 점을 여러분에게 전해주고자 한다.

초등학교 시절 나는 결코 공부를 잘하는 학생이 아니었다. 《다케나카식 공부법》은 영재가 아니었던 내가 나름대로 고안해낸 해결책이다.

앞장에서 소개했지만, 젊은 시절에 들은 말 중에 잊히지 않는 문장이 있다.
'바보는 아무리 모여도 바보다.'
가시 박힌 표현이지만 실로 중요한 핵심을 찌르고 있다. 한창 '벤처'라는 단어가 유행하기 시작한 1970년대에 미래학에 관한 심포지엄(학술 토론 회의)이 열린 적이 있다. 연설했던 분은 당시 내 상사인 설비 투자 연구소 부소장 사누키 토시오 박사였다.
"대기업의 수많은 간부보다 벤처 기업의 우수한 경영자 한 명, 혹은 뜻을 공유하는 소수의 동료가 더 큰 성과를 낸다."
경직된 대기업의 문제점과 벤처 기업의 이점을 단적으로 부각시킨 한마디였다.

현대 사회는 지식 경제, 글로벌 경제 그리고 디지털 혁명의 시대이다. '바보는 아무리 모여도 바보다.'라는 말이 뜻하는 의미는 요즘 들어 더욱 위력을 발휘하고 있다. 이에 따라 '경쟁에서 이길 수 있는 무기가 되는 지식'의 중요성은 날로 확대되는 추세이다. 한편으로 인간의 평균 수명이 높아지면서 많은 이가 '교양을 쌓고 인격을 수양하는 지식'을 추구하고 있다. 인생을 풍요롭게 만들기 위해 우리는 이 두 가지 지식을 함께 갖춰나가야 한다.

이 책의 출판을 위해 사토 루미, 스즈키 메구미, 겐토샤의 후쿠지마 고우지 대표에게 큰 도움을 받았다. 세 분이 주신 자극이 있었기에 내 경험이 책이라는 형태로 세상에 나올 수 있었다. 마음 깊이 감사드린다.

이 책이 여러분의 공부에 조금이라도 도움이 되기를 간절히 희망한다.